西安文理学院博士科研启动基金资助

陕西省社会科学基金项目资助
（立项号：2019D001；
项目名称：基于绿色价值的陕西农产品供应链协同创新研究）

中国现代农民生成机制研究
基于就业选择集的视角

张彤璞 著

RESEARCH ON THE FORMATION MECHANISM OF CHINESE MODERN FARMERS
—— FROM PERSPECTIVE OF EMPLOYMENT OPTION SET

中国经济出版社
CHINA ECONOMIC PUBLISHING HOUSE
北京

图书在版编目（CIP）数据

中国现代农民生成机制研究：基于就业选择集的视角 / 张彤璞著 . -- 北京：中国经济出版社，2020.4
ISBN 978-7-5136-6130-0

Ⅰ.①中… Ⅱ.①张… Ⅲ.①农民-劳动就业-研究-中国 Ⅳ.① F323.6

中国版本图书馆 CIP 数据核字（2020）第 061998 号

责任编辑	贺　静
责任印刷	巢新强
封面设计	华子设计

出版发行	中国经济出版社
印 刷 者	北京九州迅驰传媒文化有限公司
经 销 者	各地新华书店
开　　本	710mm×1000mm　1/16
印　　张	15
字　　数	200 千字
版　　次	2020 年 4 月第 1 版
印　　次	2020 年 4 月第 1 次
定　　价	59.00 元

广告经营许可证　京西工商广字第 8179 号

中国经济出版社 网址 www.economyph.com　社址 北京市东城区安定门外大街 58 号　邮编 100011
本版图书如存在印装质量问题，请与本社销售中心联系调换（联系电话：010-57512564）

版权所有　盗版必究（举报电话：010-57512600）
国家版权局反盗版举报中心（举报电话：12390）　　服务热线：010-57512564

序 言

中国是农业大国,但是目前的农村劳动力"逆淘汰"的现实,让中国的农业现代化建设遭遇了人才不足的"瓶颈","未来谁种地"这一问题令人担忧。《中国现代农民生成机制研究——基于就业选择集的视角》一书,是我的学生张彤璞攻读博士学位的成果,也是她在参与我的国家社科基金项目"城镇化背景下现代农民的成长机制及政策环境研究"(14BJY031)研究的基础上,结合新时代下中国农业的发展变化,对中国现代农民的生成机制进行系统研究的著作,对"未来谁种地"这一问题作出了独具特色的解答。

这本著作将现代农民的形成问题置于工业化进程的动态考察之中,从经济学、社会学、人口学等多学科角度,较为系统、深入地研究了现代化进程中现代农民成长的规律与机制,具有较强的学术性和现实性。著作以传统农民和现代农民的形成本源作为问题揭示的切入点,将现代农民的本质特征置于就业选择集合这一创新视角下予以识别,高度简化对现代农民本质特征的认识,奠定了该著作研究中国现代农民生成机制的逻辑起点。在理论构建上,以就业选择集合为逻辑起点,从农民就业选择集合扩展、选择能力提高、选择条件形成三个维度出发,构建起非农就业机会增加——劳动力择优转移下的农村人口代际优化——农业企业化和农民的选择性就业这三者之间联动关系的理论分析框架,通过对三者联动的机理研究,揭示了现代农民的生成机制和普遍形成规律。

该著作从多学科角度，将多种研究方法综合运用，来探讨现代农民的生成问题。著作对非农就业机会的扩展因素以及相关因素的贡献与作用、人口代际优化的传导机制及内在发展规律、农业企业化经营及农业就业条件的转变，运用动态面板数据、时间序列数据以及中介效应模型予以实证分析与检验，并以案例分析、逻辑分析并举，对农业发达国家现代农民成长的国际案例进行了分析借鉴。

该著作以现代农民和传统农民的特征对比，基于就业选择集合展开对现代化进程中的现代农民形成问题的探讨，既保持了研究思路的系统性和完整性，同时也避免了经济问题游离于社会实践之外。因此，著作的研究思路具有较强的创新性，研究方法和研究结论也更具现实感，得出的结论与对策建议也具有较高的实际价值，希望以此能够为中国现代农民如何形成这一问题的解决、"未来谁种地"这一问题的解答，带来一些有意义的建议和启发。无疑，该著作的出版对于现代农民生成机制的探讨具有一定的学术贡献。

当然，著作也有一些不足之处需要进一步完善，希望作者通过更多的社会调查与实践，获得更多的一手资料，使研究资料更翔实、论据更充分，实现实践对理论的坚实支撑；结合目前中国农业的现实与特有国情，进一步来研究农业与非农收入差距如何收敛的问题、农业企业化与小农户有机衔接的问题、现代农民与现代农业体系协同发展的问题。最终形成关于现代农民生成机制与形成规律的高度理论概括和更为科学成熟的理论体系。

郭剑雄

2020 年 3 月 26 日

于陕西师范大学

前 言

在新型工业化、城镇化的推动下，中国农业劳动力择优转移特征日益明显。与此同时，农村留守劳动力量质齐降，农村日渐凋敝，农业发展后继乏人，农业现代化如何实现令人困惑。党的十九大提出了"乡村振兴战略"，意在让农村成为安居乐业的美丽家园，让农民成为令人羡慕的职业。在此背景下，如何培育出能够胜任现代农业建设任务的新型农民、尽快实现传统农民向现代农民的转型，成为各界关注的焦点。

工业化创造出了大量非农就业机会，改变了农民的就业选择集合。较之传统农民的"世袭"身份和职业选择的单一性，现代农民拥有多种职业选择。因此，不同于既往文献中对于现代农民的内涵特征以现象描述为主，形成与培育的研究以具体途径的陈述居多，本书将现代农民的本质特征置于就业选择集合视角下予以识别，以农民的就业选择集合为创新视角和逻辑起点，从农民就业选择集合扩展、选择能力提高、选择条件形成三个维度出发，构建起非农就业机会增加——劳动力择优转移下的农村人口代际优化——农业企业化和农民的选择性就业这三者之间联动关系的理论分析框架，通过对各部分的机理进行研究，以揭示现代农民的生成机制和形成规律。

工业化带来了农民就业选择集合的扩展变化，意味着农村劳动力面临更多的非农就业岗位和职业选择，农民拥有更多自由选择的机会。大量农村劳动力的非农转移就业,使得农业部门的劳动力数量减少,劳动力的边际生产率提高,形成了现代农民生成的基本前提。同时,农村劳动力的择优转移引致了农村人力资本的持续性积累,这是因为优质农业劳动力的率先非农转移是理性农民在农与非农两部门寻求最优劳动力价格的短期套利行为。受这种套利的激励,农民的长期行为表现为通过加大自己和子女的人力资本投入来逆转其人口生产偏好,最终导致农村人口生产由数量到质量的转型,从而带来了农村人口质量的动态提升和代际优化,这成为农民提高自主选择能力的内在成长路径。

伴随农村人口的代际优化,农业人力资本深化,农业生产要素升级,农业生产函数改变,农业发展的形态由古典农业逐步走向现代化农业这一高级阶段。同时,农业的组织形式也发生了变迁,逐步形成了与工商企业特征趋同的、以市场效益为中心的企业化经营形式,产生了与现代农民互相促进的机制。一方面,农业企业化经营由于其市场效应、技术进步效应、规模效应和收入效应,对现代农民成长形成了"拉力"和"推力",促进了各种类型的现代农民成长;另一方面,农业企业的契约化经营,要求各个投入要素获得报酬的最大化,成长起来的具有较高人力资本的现代农民拥有了自主选择职业的能力,必然要求工资收入最大化。在现代农民的选择性就业压力下,农业企业不断提高其生产经营能力和管理水平以获得最大收益,最终,农业企业化程度得以提高。

由于开放的劳动力市场的存在,现代农民在面对扩展的就业选择集合时,选择非农就业的条件为,从事农业产业的职业收入与非农产业从业者的收入大体均衡或不小于非农就业收入。农业企业化经营的高收益率使农业部门成为具有竞争力的现代部门,最终带来农与非农就业工资差距的收敛,甚至农业就业收益大于非农就业收益,伴随这一条件的达到,从事农业成为农民及其他劳动者在面对多种职业选择时的自主选择，农民成为一种职业而非"身份"，现代农民由此生成。

由此可见，现代农民的生成是工业化进程中就业选择集合扩展变化所引致的一系列关联变化的结果。其形成规律是农民具有非农就业机会，转移到非农产业——农业劳动力非农择优转移产生人口代际优化效应，形成农民选择能力提高的内在路径——农业企业化经营促进现代农民成长以及农与非农就业工资的收敛，促成农民择业条件的转变。本书在对这三部分的机理进行理论分析的同时，对农民就业选择集合扩展、选择能力提高、选择条件转变，以动态面板数据模型的 GMM 估计方法、向量误差修正的 VECM 模型、中介效应检验模型，分别予以实证检验。同时，以美、法、日三个农业发达国家现代农民的形成与培育为典型案例，比较得出：促进现代农民成长的启示在于增加农民非农就业机会，重视农民教育投入，提高农业收益和促进农业的企业化经营。

因此，本书认为，现阶段中国在认识及尊重现代农民生成机制及形成规律的基础上，需要一系列的配套政策来助推现代农民的生成。具体而言，就是继续为农民提供非农就业机会以扩展其就业集合，加大人力资本投入以提高农民主体选择能力，提高农业收益，促进农业的企业化经营以促进农民农业择业条件的转变。

目 录

序 言 / I
前 言 / I
1 导 论 001
  1.1 研究背景 001
    1.1.1 正在推进的农业现代化 001
    1.1.2 农业劳动力择优转移特征明显 002
    1.1.3 农业现代化建设面临人力资本不足的严峻挑战 004
    1.1.4 "传统农民"向"现代农民"的转型已成为历史发展的必然 ...005
  1.2 研究意义 007
    1.2.1 理论意义 007
    1.2.2 实践意义 007
  1.3 文献综述 010
    1.3.1 现代农民的内涵界定 010
    1.3.2 现代农民的成长和培育 014
    1.3.3 现代农民的形成条件 019
    1.3.4 现代农民成长的影响因素 021
    1.3.5 现代农民培育的国际经验 024
    1.3.6 国内外研究述评 026

1.4 研究内容、研究方法与创新之处 028
    1.4.1 研究内容 028
    1.4.2 研究思路与研究方法 032
    1.4.3 创新之处 033
1.5 对现代农民的界定 034

2 从选择集视角识别传统农民和现代农民 037
2.1 传统农民的特征与形成 037
    2.1.1 传统农民的特征 037
    2.1.2 传统农民的形成 040
2.2 现代农民的特征与形成 042
    2.2.1 现代农民的特征 042
    2.2.2 现代农民的形成 044
2.3 选择集视角下现代农民的本质界定 046
    2.3.1 传统农民与现代农民的区别 046
    2.3.2 现代农民的本质界定 048

3 农民就业选择集合的扩展：非农就业机会的增加 051
3.1 农民非农就业现状 052
    3.1.1 非农就业机会大幅增加 052
    3.1.2 非农就业收入逐年增长 053
    3.1.3 非农就业经历不断增加 054
    3.1.4 非农岗位技术含量较低，社会保障水平低下 055
3.2 农民就业选择集合的扩展因素分析 056
    3.2.1 经济发展水平 056

    3.2.2 市场化程度 057
    3.2.3 产业结构与产业发展 058
    3.2.4 城镇化程度 059
    3.2.5 城镇固定资产投资 060
  3.3 非农就业机会扩展因素的实证检验 061
    3.3.1 指标选取与数据描述 061
    3.3.2 模型构建及估计方法 062
    3.3.3 模型估计结果及分析 066
  3.4 主要结论 070

4 农民就业选择能力的提高：劳动力择优转移下农村人口的代际优化 075

  4.1 农村劳动力择优转移现状及成因 075
    4.1.1 劳动力择优转移现状 075
    4.1.2 择优转移的成因分析 077
  4.2 农村人力资本积累现状与人口的量质转型 079
    4.2.1 农村人力资本积累现状 079
    4.2.2 农村人口量质转型 080
  4.3 农村人口代际优化 085
    4.3.1 农村人口的代际划分及特点 085
    4.3.2 农村人口的代际优化 089
  4.4 劳动力择优转移下我国农村人口代际优化的经验检验 091
    4.4.1 模型设计 091
    4.4.2 指标选取与数据来源 092
    4.4.3 计量检验 094

4.4.4　结论分析 097
4.5　农村人口代际优化效应 098
　　4.5.1　农业人力资本深化效应 098
　　4.5.2　农业技术形态转变效应 100
　　4.5.3　农业生产组织变迁效应 101

5 农民就业选择条件的转变：农业的企业化与农民的选择性就业 103

5.1　农业现代化及实现条件 104
　　5.1.1　农业成长形态的变化与农业现代化 104
　　5.1.2　农业现代化的实现条件 106
5.2　农业现代化的实现形式——农业的企业化 108
　　5.2.1　农业企业化的必然性分析 108
　　5.2.2　我国农业企业化的基本条件分析 112
5.3　农业的企业化经营与现代农民成长的双向互动机制 116
　　5.3.1　农业企业化经营的形式与特点 116
　　5.3.2　农业企业化经营促进现代农民的成长 119
　　5.3.3　农民的选择性就业推动农业的企业化经营 122
5.4　企业化经营下农业就业条件的形成——农与非农就业工资差距的收敛 125
　　5.4.1　农与非农收入差距的现状及成因 125
　　5.4.2　农业企业化经营下农与非农就业工资差距的收敛 129
5.5　农业企业化经营与现代农民选择条件形成的实证检验 131
　　5.5.1　模型介绍 131
　　5.5.2　指标确定与数据来源 134

        5.5.3 模型计算过程及结果 135
        5.5.4 结论分析 138

6 现代农民成长的国际比较及经验借鉴 141
   6.1 发达国家现代农民培育与成长的案例分析 142
        6.1.1 美国现代农民的培育模式与成长途径 142
        6.1.2 法国现代农民的培育模式及成长途径 149
        6.1.3 日本现代农民的培育模式及成长途径 155
   6.2 农业发达国家现代农民成长与培育的经验借鉴 162
        6.2.1 重视劳动力转移与人口转型 162
        6.2.2 以农民教育培训对农民进行人力资本投入 163
        6.2.3 农业科研体制的建立与机械化的倚重 165
        6.2.4 以土地政策推动农业的规模化、企业化经营 166
        6.2.5 注重对农业的保护与支持 166
        6.2.6 健全完善的市场化体系 167
   6.3 国际比较对中国现代农民成长的启示 168
        6.3.1 提供非农就业机会，促进劳动力转移 168
        6.3.2 提高农民就业选择能力是现代农民成长的内在要求 169
        6.3.3 提高农业收益，助推农民就业选择条件的转变 ... 171
        6.3.4 农业企业化经营是现代农民的重要组织形式 172
        6.3.5 现代农民的成长模式须符合中国国情 173
        6.3.6 现代农民的生成需要政府的支持和引导 174

7 助推现代农民生成的配套政策设计 177
   7.1 提供非农就业机会，拓展农民就业集合 177

7.1.1 实现新型工业化和新型城镇化的协同发展......178
　　7.1.2 继续推进市场化改革......179
　　7.1.3 大力发展第三产业，优化产业结构......180
　　7.1.4 合理分配固定资产投资......181
　　7.1.5 完善社会保障体系，促进平等就业......181
7.2 以人力资本投入来提高农民选择能力......182
　　7.2.1 树立农民教育培训的大体系观......183
　　7.2.2 建立农民教育专项基金......184
　　7.2.3 建立农民教育培训的有效激励机制......185
　　7.2.4 建立城乡联动的十二年农村义务教育体系......187
　　7.2.5 广泛运用"互联网+"，创新农民培训教育新模式......187
7.3 助推农民择业条件的转变......188
　　7.3.1 促进农业的企业化经营......188
　　7.3.2 提高农业收益......192

8 结论与展望......199
8.1 研究结论......199
8.2 研究展望......202

参考文献......205
索　引......219
后　记......223

1 导 论

1.1 研究背景

随着中国步入新型城镇化、工业化、农业现代化、信息化发展的新时期，中国农民站上了新的历史起点。党的十九大提出的"乡村振兴战略"，意在让农村成为安居乐业的美丽家园，让农民成为令人羡慕的职业。"三农"问题始终关系国计民生，在加快推进农业现代化的关键时期，农村优质劳动力的大量非农转移使得农业现代化建设主体的数量和质量齐降，农业建设后继乏人。因此，实现传统农民向现代农民的转变、培育出能够胜任现代农业建设任务的现代农民迫在眉睫。

1.1.1 正在推进的农业现代化

目前，发达国家已经率先完成了农业现代化，发展中国家正在加快农业现代化建设的步伐。世界银行将发展中国家分为传统农业国、转型中国家、城市化国家三种类型。以路径发展的眼光来看，很多国家是先完成农业转型，再实现国家的城市化发展，最后走向发达国家（或高收入国家）。由于各个国家资源基础、制度模式等存在差异，各国付出的时间和成本各有不同。发展中国家的农业发展往往是传统农业、转型中农业和城市化农业交叉并存。作为农业大国的中国，从新中国成立到现在，农业发展变化巨大，农业主体由初始条件很差的传统生存性农民，转型到传统农业改造与集体化时期城市人口与农村人口双轨制下的农民，又经历了农业家庭联产承包责任制的改革，农民从绝对贫困走向温饱，在现阶段的城镇化推进中，农民的物质基础和精神面貌发生了新的转变。

在工业化、城市化的推动下，国家统计局的数据显示，2017年，我国城镇人口为7.92亿人，农业人口约6亿人，城镇化率达到57.35%，这标志着我国进入了向城市化国家过渡的阶段，中国农业现代化建设的步伐在不断加快。在此进程下，人均土地装备率、人均物质资本装备率大幅提高，农业劳动力这一资源日渐稀缺，农业生产纳入了市场化运行的轨道，农业组织走向利润追逐型的企业化组织。然而，来自联合国FAO的数据表明，2014年我国农业人口居世界第一位，约占全世界农业人口的19.05%，但农业劳动生产率却只是世界水平的1/2；国家统计局数据显示，2016年我国第一产业总值为8.6%，第一产业就业人数却高达27.7%。以现代农民为生产经营主体的现代农业建设，产生了对农民经营管理能力、农业技术操作能力、生产组织能力、农业技术研发与应用能力等方面的需求，大量农业机械的使用和操作、农业技术的创新与应用、农业生产率的提高、农业增长方式的转变等均需要劳动者素质的提高。发达国家实现农业现代化的实践表明，农业现代化的核心是现代农民的形成，这是农业现代化顺利实现的必要条件和必然趋势。因此，在中国现代农业建设的具体实践和加速推进下，必将产生对现代农民这一农业现代化建设主体的大量需求。

1.1.2 农业劳动力择优转移特征明显

20世纪80年代以来，在工业化、市场化推动下，中国农村劳动力出现的大规模非农转移持续至今。截至2016年年末，据统计[①]，全国农村转移

---

① 资料来源：中华人民共和国国家统计局《2017年农民工监测调查报告》。

劳动力总量达到2.82亿人，比上年增长1.5%，且呈现出如下特征：

第一，转移劳动力以男性为主。男性转移劳动力占全部转移劳动力的比重为68.3%，女性占31.7%，男性转移劳动力高出女性转移劳动力36.6个百分点。

第二，转移劳动力以青壮年为主。从年龄结构来看，2016年，农业转移劳动力群体中，53.9%的农业劳动力在40岁以下，49.7%的劳动力是1980年及以后出生的新生代农业劳动力，50岁以上农业劳动力所占比重为19.2%（见表1-1）。新生代农业劳动力逐渐成为农业转移劳动力的主体，且所占比重有逐渐提高的趋势。

表1-1 农业转移劳动力年龄构成

年龄	2012年	2013年	2014年	2015年	2016年
16~20岁	4.9	4.7	3.5	3.7	3.3
21~30岁	31.9	30.8	30.2	29.2	28.6
31~40岁	22.5	22.9	22.8	22.3	22.0
41~50岁	25.6	26.4	26.4	26.9	27.0
50岁以上	15.1	15.2	17.1	17.9	19.2

资料来源：《2017年农民工监测调查报告》。

第三，转移劳动力的受教育程度较高。2016年农业转移劳动力中，未上过学的仅占1%，小学文化程度的占13.2%，59.4%的为初中文化程度，17%的为高中文化程度，大专及以上占9.4%，后两者在农业转移劳动力中的比重较上年提高1.2个百分点（见表1-2）。在转移群体中，外出农业转移劳动力具有高中及以上文化程度的比重为29.1%，本地农业转移劳动力高中及以上文化程度的占23.9%，低于外出农业转移劳动力5.2个百分点。

表 1-2 农业转移劳动力文化程度构成

文化程度	农业转移劳动力合计		外出农业转移劳动力		本地农业转移劳动力	
	2015 年	2016 年	2015 年	2016 年	2015 年	2016 年
未上过学	1.1	1.0	0.8	0.7	1.4	1.3
小学	14.0	13.2	10.9	10.0	17.1	16.2
初中	59.7	59.4	60.5	60.2	58.9	58.6
高中	16.9	17.0	17.2	17.2	16.6	16.8
大专及以上	8.3	9.4	10.7	11.9	6.0	7.1

资料来源：《2017 年农民工监测调查报告》。

另外，数据显示，30.7% 的转移劳动力接受过非农技能培训，8.7% 的劳动力接受过农业技术培训。其中，本地农业转移劳动力接受过农业和非农职业技能培训的共占 30.4%；外出农业转移劳动力接受过农业和非农职业技能培训的占 35.6%，高出本地农业转移劳动力 5.2 个百分点。

显而易见，非农转移群体中，男性劳动力、年轻劳动力以及受教育程度较高的优质劳动力在持续性地率先转移，导致农业从业者群体"逆淘汰"特征日益凸显，农村留守劳动力文化低、年龄大，主要以妇女及老人为主。农业留守劳动力的数量和质量同时下降，先进的农业生产技术难以推广，农业发展后劲被严重削弱，农业现代化的实现主体严重匮乏。

1.1.3 农业现代化建设面临人力资本不足的严峻挑战

在工业化推动下，作为农业大国的中国，农业现代化能否顺利实现，传统农业到现代农业的转型能否成功，农业产业结构的优化升级能否完成，农业供给侧结构性改革和乡村振兴战略能否实现，最终将取决于现代农业的实现主体——"人"的因素。农业现代化是通过在农业生产中引入新的科学技术和现代生产工具，以先进的工业装备和先进的管理方法来实现传统农业到现代农业转型的过程。在农业迈向现代化的过程中，先进的农业技术、各种市场信息的吸收和抉择、技术和信息向农业生产力的转换，皆需要高素质农民来完成。因此，农业现代化建设亟须既有专业知识，又有专门劳动技能，还具有市场经营管理能力的高素质农民。

另外，工业化的过程是以现代工业和现代服务业为表征的经济演变过程，在专业化分工的推动下，产业和产品种类、产品生产环节发生横向分裂和纵向分层的变化效应，随之建立起以市场为中介的网络化联系。因此，工业化衍生出大量非农就业岗位，不同岗位与工种对农民产生了不同的职业技能要求，将大量农民变为产业工人。中国的工业化进程也正在发生这种变化，优质农业劳动力出现持续的大规模的率先转移，转向非农部门就业，导致留守农业劳动力老龄化、兼业化，受教育程度较低，农业现代化建设缺乏高素质人才，人力资本严重不足，未来谁种地问题凸显。张蕙杰（2015）考虑到农业各行业的生产特点、收益和劳动用工量的差异性，估算了农、林、牧、渔业所需要的现代农民队伍规模，估算结果表明，现代农民数量的供需缺口超过8000万[①]。

农业现代化建设产生了对高素质农业人才的大量需求，劳动力的择优转移使得农业人才供给严重不足，现代农业建设面临人力资本不足的严峻挑战，培养造就现代农民的任务紧迫而艰巨。

1.1.4 "传统农民"向"现代农民"的转型已成为历史发展的必然

随着我国的传统农业走向现代农业，在这一进程中，农产品由农户的自给自足型生产转向以市场需求为中心的生产，小规模农户的分散经营逐渐走向规模化、专业化和组织化，传统的人畜动力和传统工具被新技术和机械的使用日渐取代。伴随农业生产方式的一系列变化，传统农民的能

---

① 张蕙杰.我国新型职业农民队伍总量与结构的需求估算研究[J].华中农业大学学报（社会科学版），2015（4）：44-48.

力和素质已经无法满足农业发展对从业者人力资本和职业素质的要求，因此，农民从传统到现代的转型已经成为历史发展的必然要求和趋势。

对于农业现代化建设中人才供需矛盾的解决，国家提出了培育现代农民，并将这一任务上升到国家发展的战略高度。2006年首次提出培育"有文化、懂技术、会经营"的新型农民，2012年提出培育新型职业农民，2013年提出培育新型农业主体。在2016年的"两会"上，农业农村部部长韩长赋更是明确强调未来种地要依赖现代农民。2016年2月，习近平总书记《以人的城镇化为核心》的讲话中指出"物"的城镇化是手段，而"人"的城镇化是目的。党的十九大提出了乡村振兴战略，意在让农民成为令人羡慕的职业。在国家对现代农民的形成与培育问题的高度重视下，截至2015年年底，全国农村现代农民总量为16923021人，其中，精英型为348942人、生产型为6166737人、技能带动型为2522240人、技能服务型为3065382人、社会服务型为1678720人，现代农民队伍已初具规模[①]。

在农业现代化建设急需现代农民的现实背景下，在国家政策的推动下，关于农民如何尽快实现从传统到现代的转型，出现了大量研究和实践尝试。但是，应该看到，现代农民的形成需要特定的社会成长环境，需要对其成长规律和形成条件进行系统研究。因此，在工业化、城镇化背景下，研究识别现代农民、揭示现代农民的生成机制和成长路径，以助推其完成从传统到现代的转变，构成了本书讨论的主题。

---

① 农业农村部科技教育司，中央农业广播电视学校.2016年全国新型职业农民发展报告［M］.北京：中国农业出版社，2017：2-3.

1.2 研究意义

1.2.1 理论意义

（1）对传统农民和现代农民的本质差异的高度概括，简化了对现代农民本质特征的认识。针对传统农民具有的"世袭"身份和职业选择的单一性，将现代农民置于选择集视角下予以识别。工业化的到来，推动传统农业社会向工业社会转型，传统农业随之向现代农业转变，在此过程中，产生了多种就业机会，使现代农民这一职业具有了选择集合特征，农民可在选择集合中对其职业进行多项选择。以农民就业选择集合的变化为研究视角和逻辑起点，探寻工业化进程中农村人口量质转化、代际优化与农民职业选择能力不断提高和理性调整之间的关系，对现代农民转变的条件及生成机制进行深度理论揭示。

（2）从农民就业选择集合这一创新视角，阐明选择机会变化对于现代农民形成的意义，通过就业选择集合的扩展分析、农民主体能力提高的路径分析，以及现代农民选择条件形成的分析，构建起工业化进程中的农民非农就业机会的增加—农业人口生产的量质偏好转变与农村人力资本的动态提升—农业企业化经营三者之间联动关系的理论分析框架，从经济学、社会学、人口学、人力资本学等多学科角度研究现代农民的形成，对现代农民的生成机制研究进行系统化的理论构建。

1.2.2 实践意义

（1）形成和培育现代农民是"四化"协同发展的客观需要

现阶段的中国已经步入了新型工业化、农业现代化、城镇化、信息化"四化"发展的关键时期，农业整体效益较以往虽有大幅提高，但农业现代化的发展仍面临诸多困境，成为"四化"建设中的"短板"。农村剩余劳动力大规模向城市转移，留守劳动力中，以老人、妇女、儿童居多，务农农民平均受教育年限为 7.8 年,高中学历占 16.8%,大专仅占 1.1%,农民受教育程度低,成为国民文化素质的低洼地带[①]。在农业发展面临农民数量锐减、结构失衡、素质低下的现实困境下,农地荒废现象严重,农民素质无法满足现代农业发展的要求。农业劳动力人力资本水平低下、农民职业素质缺乏,已经成为制约现代农业发展的"瓶颈"。

近年来,党和国家日益重视"三农"问题的解决,同时也加快了城乡二元户籍制改革。随着农村经济的发展,农民通过非农转移获得的就业收入在不断提高,与此同时,农业产量在持续增加。但是,中国特色的二元经济社会结构还未有实质性改变,在新中国成立初期,出于种种原因而人为产生的城乡二元分割,造成目前城乡居民在就业机会、就业能力、就业收入等方面的极大差异。目前,我国农村劳动力平均受教育年限仅为 8 年左右,低于城镇居民受教育年限 3 年之多。大量农村劳动力素质不高,受教育程度低,自身能力低下。一方面,严重影响了农村剩余劳动力向非农产业或城镇的转移就业;另一方面,导致农业留守劳动力量质齐降和能力素质弱化,严重制约了现代农业的发展,使得农业发展的高素质人才匮乏。现代农业发展所需的科技支撑、农业新机械的使用、先进的管理理念等,都需要高素质的现代农民来实现。因此,加快对现代农民的培育、助长现代农民形成,对于增加农民非农就业概率,助推农民离农就业以及农业规模化经营,促进农民创业和高素质农民的形成,建设全面发展的现代化经济体系,实施乡村振兴战略意义重大。

(2)形成和培育现代农民是市场化、专业化发展的迫切需要

农业产业化的主要特征是以市场需求为中心的专业化生产和一体化

---

① 马建富,吕莉敏,陈春霞,等. 职业教育视阈下的新型职业农民[M].北京:科学出版社,2015:3-7.

经营，是贸、工、农的分工协作和密切配合。其趋势表现是农业生产更有广度和深度，产业结构优化调整，第一、第二、第三产业融合发展。农业生产对于自然环境的依赖以及生产周期长、市场信息的不充分等因素，使得农业的市场化经营风险较高，需要农民在市场风险评估与应对、新产品投入、市场经营及管理方面具有较强的能力。此外，目前在种植业、畜牧业、果业和农产品加工业等专业化的生产中，各地都非常重视农业布局，积极推动规模经营和专业化特色生产，以发挥集聚效应。这就需要对农民加以引导，改变以往"小而全"的市场结构，结合农户经营特点和各个地域不同的资源优势，发展具有特色的农业专业化生产项目。特别是技术密集型的优质特色蔬果、高产奶牛和肉禽养殖、高档水产养殖等新兴产业及农业新产品、新技术的引进，对农民的知识水平和农业技能要求更高。目前，多数农民的畜牧养殖方法、蔬果种养技术依然传统守旧，难以满足农业发展对农业技术的新需求，很难有效提高农产品质量，增强产品的市场竞争力。为此，需要对现代农民的管理水平、专业知识和技能操作水平实施全面而系统的提高，培育出具有职业素质和技能的现代农民，以带动广大农民适应农业市场化、专业化发展的需要。

（3）形成和培育现代农民是提高农业国际竞争力，保证粮食安全的需要

随着我国加入世贸组织以及"一带一路"建设的加快，农业对外开放格局不断扩大，一方面，大宗农产品国内供给不足导致进口总量剧增；另一方面，农产品出口贸易摩擦增多，国际竞争日益加剧。毫无疑问，加强与其他国家的农业贸易合作、提升农业国际竞争力，需要一支强有力的现代农民队伍。以美国为例，2017年美国农业出口达1405亿美元，创下历史"新三高"，其中，中国为美国农产品的主要进口国。强大的粮食生产

能力显现出美国农业的发达程度和国际竞争力，也成为美国外交所利用的强大"武器"。二战期间，美国曾对法国维希政府发动粮食外交，要求其不去执行反对英美的政策；冷战期间，美国将粮食进出口同美苏限制战略武器谈判以及越南、中东等问题联系起来。美国以其强大的粮食生产能力、发达的农业，呈现出强势的国际经济政治的外交能力。随着"一带一路"倡议的提出和贸易的推进，中国与丝绸之路经济带国家的农产品贸易具有很强的互补性和贸易发展潜力。因此，培育现代农民，是实现农业现代化的保障，对于提高农产品的国家竞争力，促进农业贸易，增加农民收入，保证粮食安全具有重大现实意义。

1.3 文献综述

在乡村振兴战略的实施背景下，农村劳动力择优转移导致现代农业建设后继乏人，对这一问题的关注，引发了学界关于现代农民的一系列热切探讨。总体来看，对现代农民的相关国内外研究，主要聚焦于以下几个方面。

1.3.1 现代农民的内涵界定

对现代农民内涵的界定，学界具有不同的视角：

（1）从现代农民的综合素质和人力资本角度出发，舒尔茨最先提出对农民进行人力资本投资，他认为这是改造传统农业的关键，认为教育可以提高农民的劳动效率，农民从中将获得更大的收益，从而说明现代农民必须具有一定的人力资本积累[①]。Foster 和 Seevers 指出，提高农民劳动能力的关键是对农民进行教育培训，可以改变物质资源的配置方式并实现可持

---

① ［美］西奥多·W.舒尔茨.改造传统农业［M］.梁小民，译.北京：商务印书馆，1987：35-52.

续开发[1]。Pierce 认为，促进和实现农村经济可持续发展的途径是，对农业主体进行人力资源开发[2]。Carr-Saunders 认为，现代农民须有专门的技能训练、最低限度薪酬，需要建立专业协会以及专业实践的伦理规范等[3]。Greenwood 从系统理论、专业权威、社会认可、伦理行为守则和专业文化等五个方面对现代农民进行界定[4]。自党的十七大报告首次提出培养造就"有文化、懂技术、会经营"的新型农民之后，国内不少学者进一步指出现代农民还应该具有组织性和创新精神，具有较多人力资本积累和较高的职业素质（鲁可荣、朱启臻，2006[5]；岳佐华、李录堂等，2007[6]）。

（2）从市场主体角度出发，弗兰克·艾利斯认为，现代农民是市场的参与者，其目标在于追求利润，他认为传统农民只是勉强维持生计，与市民群体有着身份上的差异，现代农民以市场交换为目的，对农业进行产业化的生产经营活动，追求效益最大化[7]。因此，学者们认为，现代农民是利用市场机制和规则获取利润最大化的理性经济人，具有农业产业化、农业生产者专业化和职业化发展的特点，而且现代农民的收入应当主要来自农

---

[1] Foster B. B., Seevers B.S.Women in Agricultural and Extension Education Committed to the Prefession and Seeking Solution to Challenges [J]. *Journal of Agricultural Education*, 2003, 44 (1): 31–42.

[2] Pierce J.T. Agriculture, Sustainability and the Imperatives of Policy Redom [J]. *Carr-Saunders*, 1993, 24 (1): 381–396.

[3] Carr-Saunders A. M. *Profession: Their Organization and Place in Society* [M]. Oxford: The Clarendon Press, 1928: 3–31.

[4] Greenwood E.Atribute of a Profession [J]. *Social Work*, 1957, 2(3): 44–55.

[5] 鲁可荣，朱启臻. 社会主义新农村建设与新型农民培养 [J]. 未来与发展，2006（9）：27–29.

[6] 岳佐华，李录堂. 农村人力资本团队及其形成基础研究 [J]. 大连理工大学学报（社会科学版），2007（2）：69–70.

[7] [英] 弗兰克·艾利斯. 农民经济学：农民家庭农业和农业发展 [M]. 胡景北，译. 上海：上海人民出版社，2006：392.

业（郭智奇等，2012①；朱启臻、闻静超，2012②；郑瑞、彭必源，2007③）。

（3）从权利视角进行的研究，Larson 认为现代农民应当享有特定权利与声望④。Forsyth 和 Danisiewicz⑤指出权利是现代农民应当具备的内在核心。周应堂⑥指出，现代农民首先需要尽到公民责任；其次应该享受到市民的权利，不应有其他歧视；最后，应该有和第二、第三产业员工平等的身份。学者们认为，现代农民应超越传统农民的"身份"限制，具有选择职业的自主权，能够积极正当地维护自己的权益和主动建设自己的生活（张雷声，2006⑦；赖作莲，2014⑧；孙娟，2007⑨）。

（4）从职业发展角度出发，Argyris 认为现代农民成长是其职业成长从被动到主动、从依赖到独立、从缺乏自制到自觉以及自制的过程。Wilensky 等认为职业成长意味着责任范围或层级的增加、更多的权威、薪水或者利益的增加、在一个层级结构组织内移动到更高层的职位等⑩。

---

① 郭智奇，齐国，杨慧.培育新型职业农民问题研究［J］.中国职业技术教育，2012（15）：7-13.

② 朱启臻，闻静超.论新型职业农民及其培育［J］.农业工程，2012（3）：1-4

③ 郑瑞，彭必源.鲶鱼效应与现代农民的培养［J］.集团经济研究，2007（1）：63-64.

④ Larson T.J.*The Rise of Profesionalism：A Sociological Analysis*［M］.Berkeley：University of California Press，1977：5.

⑤ Forsyth P.B.，Danisiewicz T.J.Towards a Theory of Profesionalization［J］.*Work and Ocupations*，1985，12(1)：59-76.

⑥ 周应堂.论农业劳动分工与新型农民培养［J］.农业经济，2007（2）：14-17.

⑦ 张雷声.建设社会主义新农村必须时新型农民［J］.福建论坛（人文社会科学版），2006（7）：9-12.

⑧ 赖作莲.土地流转与职业农民教育——基于美、英、法、日等国的经验［J］.经济研究导刊，2014（22）：34-35.

⑨ 孙娟.关于农民职业化的若干问题思考［J］.天水行政学院学报，2007（5）：22-24.

⑩ Wilensky H.L.The Profesionalization of Everyone？［J］.*American Journal of Sociology*，1964(70)：137-158.

Salisbury 和 Feinberg 在研究消费者行为选择中，将选择集效应区分为选择集合的形成阶段和选择阶段，这对于探讨现代农民的职业选择集合具有启发意义①。Hall 认为，职业内涵应该包括专门的知识、从业者组织、具有工作自主权和岗位资格以及道德规范②。谭功荣指出，应从职业准入、训练、认同、道德和文化五个方面定义现代农民的职业内涵③。罗炎成认为，职业内涵应该有职业资质、定位、能力、意识和道德④。童洁等基于职业属性的考量，以 AHP 层次分析法，构建起包括职业素养、技能、薪酬、认同和行为规范五个维度的现代农民发展指数⑤。另外，学者们认为现代农民的市场主体地位决定其必然是产业化、现代化进程中出现的新的职业群体（邓丰文，2003⑥；张辉，2014⑦）。

（5）从人的现代化这一精神视角来看，英国经典现代化的理论学家韦伯斯特（1987）⑧认为，现代人敢于摒弃和创新，不是传统的奴隶；传统社会世袭门第制度是决定社会成员地位的主要依据，个人进取能力决定着现代人的社会地位；传统社会成员以宿命论的眼光看待世界，现代社会成员

---

① 转引自刘蕾，郑毓煌，陈瑞. 选择多多益善？——选择集大小对消费者多样化寻求的影响［J］. 心理学报，2015（1）：66-70.

② Hall.R.H. *Occupations and the Social Structure*［M］.Englewood：Prentice-Hall，1975.

③ 谭功荣. 公务员职业化：起源、内涵及模式比较［J］中国行政管理，2009（2）：106-110.

④ 罗炎成. 应然、实然、使然：高校辅导员职业化问题探讨［J］. 西南交通大学学报（社会科学版），2013（1）：104-109.

⑤ 童洁，李宏伟，屈锡华. 我国新型职业农民职业化一般发展指数研究［J］. 财经问题研究，2018（5）：75-81.

⑥ 邓丰文. 从传统农民到现代农民［J］. 科技信息，2003（12）：54-57.

⑦ 张辉. 关于培育新型职业农民的探讨［J］. 农业经济，2014（6）：33-38.

⑧ ［英］韦伯斯特. 发展社会学［M］. 陈一筠，译. 北京：华夏出版社，1987：21-29，91-92.

富有革新精神、强烈的企业家精神和对世界的理性与科学态度。美国社会学者英格尔斯（1985）[①]通过对6个发展中国家的研究，总结出现代人具有与宿命论相对立的效能感；乐于接受、积极争取、有较强的时间观念、具有计划性、重视专门技术和公正的分配、有较高的受教育和职业期望等12个现代特征。在人的现代化研究视野下，通过传统与现代的比较，主要揭示的是人的精神变化，注重的是现代人的主动性、创造性的呈现。人的现代化的研究，强调的是从传统到现代的社会变迁过程中，在人的职业变化过程中，作为主体的人的主动选择性和精神内核的转变。

1.3.2 现代农民的成长和培育

对于现代农民的成长和培育，中西方学者有不同的思路：

（1）从人力资本投资角度出发，舒尔茨在经典著作《改造传统农业》中，对人力资本投资推动农业技术进步和改造传统农业的作用进行了重点讨论，提出改造传统农业的关键是对农民进行人力资本投资[②]。瑞典经济学家缪尔达尔（1972）通过研究南亚国家的农业发展，发现农民掌握先进技术的能力与基础教育息息相关，从而强调对农民的教育[③]。Beine等（2001）认为，农民只有受到良好教育才会更有能力把握经济转型带来的机会[④]。徐辉认为，对农民实施教育培训能够提升农民素养，使农民适应现代农业的生产方式，从而提高农民就业能力，让农民实现理想生活和自我价值，从

---

① [美]英格尔斯.人的现代化[M].殷陆军,译.成都：四川人民出版社，1985：5-6.

② [美]西奥多·W.舒尔茨.改造传统农业[M].梁小民,译.北京：商务印书馆，1987.

③ [瑞典]冈纳·缪尔达尔.世界贫困的挑战：世界反贫困大纲[M].顾朝阳,等,译.北京：北京经济学院出版社.

④ Beine M.F. Docquier and H.Rapopor: Brain Drain and Economic Growth: Theroy and Evidence [J]. *Journal of Development Economics*, 2001(64): 275-289.

而在制度层面解决了农业建设后继乏人的难题①。唐献玲指出以教育投入让农民具备生产知识和管理能力,降低农业生产成本,提高劳动生产率,有助于农业产业升级和生态化发展②。郭玉伟认为培育现代农民是提高农村生产力的关键,将为农村劳动力注入新的人力资本③。

(2)在培育过程和内容上,Wilensky 认为现代农民的培育需要经历倡导者关注、技术的推广、推动建立专业协会、垄断技术的法律保护、正式的行为守则等过程④。Lynch 等认为,农民教育培训的重要内容在于经济知识和农业生态知识⑤。Leavitt 和 Judd 则指出,对农民应注重土壤保持、牲畜饲养和病虫害防治等技能的培训⑥。Rogers 认为,如何在生产中作出正确决策是农民培训的关键⑦。国内学者认为,现代农民需从知识化、去身份化和专业化三个方面培育(孙娟,2007⑧;田园,2013⑨;周雪松、刘颖,

---

① 徐辉.新常态下新型职业农民培育机制的构建——基于7省21乡(镇)63个村的调查[J].现代经济探讨,2016(11):50-51.

② 唐献玲.农业产业转型升级中新型职业农民培育的思考[J].农业经济,2016(1):54-55.

③ 郭玉伟.新型职业农民培育的路径探析[J].继续教育研究,2016(6):38-39.

④ Wilensky H.L.The Profesionalization of Everyone ? [J]. *American Journal of Sociology*,1964(70):137-158.

⑤ Lynch T., Jenkins B., Kilarr A. The Professional Farmer [J]. *Australian Journal of Socia Issues*,2001,36(2):123-138.

⑥ Leavitt F. M., Judd C.H, Examples of Industrial Education [J]. *Elementary School Journal*,1912(9):507-510.

⑦ Rogers E.M.Diffusion of Innovation [J]. *Lap Lambert Academic Publishing*,1986,17(1):62-64.

⑧ 孙娟.关于农民职业化的若干问题思考[J].天水行政学院学报,2007(5):22-24.

⑨ 田园.我国农民职业化问题制约因素分析[J].宝鸡文理学院学报(社会科学版),2013(4):89-93.

2013[①]）。张水玲（2016）认为，现代农民的培育内容应该包括文化知识类，具体包括文化常识和农业理论、政策与农村法规与绿色安全以及农业实用技能、深加工及机械使用技能和农业经营管理、市场营销等的技能知识类，最后还应该包括农业素养与可持续发展、生态安全、农业创新等知识[②]。耿墨浓（2016）[③]认为，现代农民培育应结合"互联网+"的时代背景，教育内容体现在计算机操作和互联网运用的基本技能，以及电商间O2O、消费者与电商间C2C、企业与电商间B2B、微商等模式的应用，还需培养农民获取信息的能力，智能手机和微博、微信、手机APP软件的应用等能力。宋新乐和朱启臻等（2016）[④]认为，农业现代化对农民在产出、产品质量安全、可持续发展方面有更高要求，因此，现代农民培育应注重其新技术的运用和创新能力，加强对农民诚信精神、合作精神等方面的培养。

（3）在现代农民的培育对象上，张水玲（2016）认为现代农民的培育对象主要包括两类群体：一类是具有初中以上文化水平、正在从事农业生产经营活动的准现代农民，其收入主要来自农业，将经由传统农民到现代农民的转型；另一类人群是潜在的现代农民，即有志于从事农业生产或者回乡返农的农民工、大学生、城镇居民等[⑤]。马建富（2015）把现代农民的培育对象分为三类：第一类是具有农业技术的农民或者农业种植专户、农

---

① 周雪松，刘颖.传统农民向职业农民转化问题研究［J］.第一资源，2013（4）：117-124.
② 张水玲.基于农民需求的新型职业农民教育培训优化设计［J］.职业技术教育，2016（4）：67-68.
③ 耿墨浓."互联网+"时代下的农民教育思考［J］.农民科技培训，2016（2）：31-32.
④ 宋新乐，朱启臻.新型职业农民的职业精神及其构建［J］.西安交通大学学报（社会科学版），2016（4）：111-115.
⑤ 张水玲.新型职业农民教育应处理好的五大关系［J］.农业经济，2016（9）：64-65.

业经营承包商，统称为留守农民；第二类是新生代中青年农民，有志于从事农业生产的新一代农民；第三类是经过城市化洗礼，已经积累了一定财力、物力和知识的返乡农民，也包括难以融入城市，在城市中发展机会不足转而回乡的回流农民。对于培育对象的划分意味着现代农民应该涵盖较广范围，使不同年龄、社区、行业的劳动者都有机会成长为现代农民[①]。

（4）在现代农民培育政策的选择上，多数学者提出建立起以政府投入为主导、以农业院校为教育主体、以社会培训机构为补充、以农业企业作为实践基地的教育培训体系，同时，还需有农民职业技能鉴定和资格认证制度（魏学文、刘文烈，2013[②]；张春艳、韦子平，2014[③]）。闫红果（2016）[④]指出，农村社区教育和网络教育是促进现代农民教育公平和资源优化配置的重要载体。田书芹和王东强等（2016）基于国外现代农民培育新模式的经验借鉴，提出整合各部门教育资源，发挥社区教育优势，形成开放共享的教育空间，总结出自助式、学分制、信息化和整合化四种不同的现代农民社区教育模式[⑤]。殷喜悦（2016）将现代农民教育分为"三大类十一型"，三大类包括政府主导类、市场运作类、政企合作类，具体包括政府项目型、远程教育型、院校培育型、园区依托型、行业推广型、科研立项

[①] 马建富.新型职业农民培育的职业教育责任及行动策略[J].教育发展研究，2015（Z1）：75-76.

[②] 魏学文，刘文烈.新型职业农民：内涵、特征与培育机制[J].农业经济，2013（7）：87.

[③] 张春艳，韦子平.改革创新体制机制，培育新型农民——以安徽省为例[J].经济研究导刊，2014（27）：127.

[④] 闫红果.新型职业农民教育培训的现状与反思——基于浙江省长兴县和平镇周坞山村的调研[J].当代继续教育，2016（4）：60-61.

[⑤] 田书芹，王东强.论新型城镇化进程中新型职业农民社区教育模式创新[J].继续教育研究，2016（6）：30-31.

型和科技带头型等①。在政府政策的培育观念上,刘秋丽(2015)指出,地方政府长期受到狭隘地方观、传统人才观的影响,将农民培育教育和升学混淆,对现代农民的培训教育不够重视,而且由于人力资本投入的长周期性,对于重绩效和现实效益的地方官员来说,培育现代农民的积极性不高②。单武雄(2015)对此则持有不同的观点,他认为,政府为现代农民培育提供了免收学费、补贴支持等诸多优惠政策,但由于政府的强制要求或者政策宣传不到位,农民培训观念单薄,甚至对此有抵抗意识,因此参与培育培训的积极性不高,从而导致培训教育的效果不佳③。

(5)对于现代农民培育的重要性,卢荣善(2006)认为现代农民的形成有助于激发农业发展动力、加速农业剩余劳动力和农村人口的转移,使农业和农村发展获得更多的外部资源,从而有利于城乡一体化的形成和社会稳定④。周雪松等(2013)指出,现代农民的培育可以解决未来"谁来种地"的问题,这是发展现代农业的必然要求,更是提升农民社会地位的需要⑤。章力建等(2013)认为,培育现代农民有利于促进农业生产的规模化、集约化,从而推动农业的专业化、产业化经营和市场化发展,对于农产品的长期有效供给和粮食安全意义重大⑥。

---

① 殷喜悦.论新型职业农民及其培养[J].职业教育研究,2016(1):18-19.
② 刘秋丽.河南省新型职业农民培训研究[J].教育与职业,2015(6):176-177.
③ 单武雄.农业高职院校开展新型职业农民培训的路径分析——以湖南省涉农高职院校为例[J].农业现代化研究,2015(4):593-594.
④ 卢荣善.农业现代化的本质要求:农民从身份到职业的转换[J].经济学家,2006(6):64-71.
⑤ 周雪松,刘颖.传统农民向职业农民转化问题研究[J].第一资源,2013(4):117-124.
⑥ 章力建,朱立志.加快培育新型职业农民 保障我国农产品有效供给和质量安全[J].中国农业信息,2013(12):9-12.

（6）在农民主体能力培育方面，陈亚萍（2008）[①]、陈明（2010）[②]等基于韦伯斯特、英格尔斯等的现代化精神视角的研究，认为现代农民培养的内核是农民现代性的养成，使现代农民具有真正的主体性，这是与传统农民的本质区别，因此必须培养其主体行为能力。李丙金、徐璋勇等[③]借鉴阿玛蒂亚森"发展即自由的扩张"的思想，认为农民拥有更多的选择权利和选择机会能够促使其作出自由选择，现代农民的培养实质在于以制度和立法来扩大农民的选择权利，提高农民的行为能力。

1.3.3 现代农民的形成条件

魏学文、刘文烈（2013）认为，现代农民形成的前提是通过农业保护与支持，形成农业部门与非农部门相同的社会平均利润率，使务工收入与从事农业收入持平[④]。夏益国、宫春生（2015）等指出，小农户经营的分散性只能产生兼业农民，现代农民的产生则需要具有较大生产规模的家庭农场，因此，土地确权和加速土地流转是现代农民形成的制度需要[⑤]。朱启臻、胡方萌（2016）认为，现代农民不能自然形成，需要土地制度、农业组织制度、政府的政策以及农民培训教育制度等制度环境，制度创新是现代农民形成的环境条件。除此之外，现代农民还需要市场主体、职业具有稳定性、具备高度责任感和创新观念三个条件[⑥]。郭剑雄（2016）从农与非

---

① 陈亚萍.主体性视域下的新型农民[J].生产力研究，2008（13）：32-33.
② 陈明.农业现代化下农民的现代性困境解析[J].农业现代化研究，2010（6）.
③ 李丙金，徐璋勇.赋予选择权力和提高可行能力：新农村建设中新型农民培养的核心[J].西北大学学报（哲学社会科学版），2012（6）：92-95.
④ 魏学文，刘文烈.新型职业农民：内涵、特征与培育机制[J].农业经济，2013（7）：78-83.
⑤ 夏益国，宫春生.粮食安全视域下农业适度规模经营与新型职业农民[J].农业经济问题，2015（5）：67-74.
⑥ 朱启臻，胡方萌.新型职业农民生成环境的几个问题[J].中国农村经济，2016（10）：61-69.

农就业收益对比的角度,提出现代农民形成的条件是农业就业工资率大于等于非农产业就业工资率[①]。

陈池波、韩占兵(2013)认为,农村空心化使农村出现"农民荒",但是大量劳动力的离农就业也将促进农业的规模化经营。可以根据目前实际农情,以兼业化缓解短期的"农民荒"问题,长期内应积极实施农民教育培训,促进农业规模化经营,提高农业收益,以形成现代农民[②]。

徐俊蕾(2015)认为,现代农民只能随着现代农业生产方式的产生而产生,现代农业生产方式需要以制度建设为根本保障,以社会服务体系为条件,实施农业生产合作社的组织方式,通过三者联动来推动现代农业生产方式的建立和发展,从而助推现代农民的形成[③]。杨继瑞、杨博维、马永坤等(2013)认为,对现代农民属性的确定是新型工业化、新型城镇化及农业现代化发展的必然趋势,其职业属性的回归是现代农民形成的保障[④]。

徐志红(2015)认为,农民职业化程度低、认知水平不高导致农民难以成为一种职业,因此,现代农民的形成需要政策扶持和经济组织带动,通过对陕西45家农业合作组织进行调研之后指出,在现代农民的形成中,农业合作社发挥的作用最为显著[⑤]。童洁等(2015)认为,现代农民组织发展的主要平台和载体是农民合作社与家庭农场[⑥]。

---

① 郭剑雄.工业化、选择性就业与农民的职业化[J].内蒙古社会科学(汉文版),2016(5):109-117.
② 陈池波,韩占兵.农村空心化、农民荒与职业农民培养[J].中国农村经济,2013(1):40-66.
③ 徐俊蕾.论新型职业农民的生成[J].农业经济,2015(10):57-59.
④ 杨继瑞,杨博维,马永坤,等.回归农民职业属性的探析与思考[J].中国地质大学学报(社会科学版),2013(1):74-80.
⑤ 徐志红.合作社促进农民职业化研究[D].杨凌:西北农林科技大学,2015.
⑥ 童洁,李宏伟,屈锡华.我国新型职业农民培育的方向与支持体系构建[J].财经问题研究,2015(4):91-96.

徐辉、刘玉成、张明如等（2017）运用2012年中国家庭动态追踪数据，以农民的多元就业为条件，通过建立多元Logit模型分析现代农民就业的可能选择，结果表明，农民就业受家庭和个人因素影响最大，此种影响在代际间的影响效果不同，且就业选择具有倾向性[①]。

石智雷、施念等（2016）将农村劳动力的城乡双向流动作为研究切入点，在建立传统农民向现代农民转变的理论分析框架中，纳入农民自身能力发展这一主线，认为现代农民的必备条件包括家庭禀赋、制度环境、市场环境等外部条件，并通过调查与访谈，表明传统农民向现代农民转型的重要结构性力量与动力支撑是城市化[②]。

1.3.4 现代农民成长的影响因素

对于现代农民成长的影响因素，相关探讨散见于农业发展的经典文献中，近期研究也逐渐有所涉及。总体来看，学界主要从影响因素对现代农民成长产生的制约作用和推动作用两个方面来进行讨论[③]。

对现代农民成长具有制约作用的因素，相关研究形成了如下观点：

（1）人力资本说。舒尔茨提出，对农民进行人力资本投资是新的农业生产要素的引进，也是改造传统农业的关键[④]。明瑟尔指出，个人在面对自由选择的情况下会对人力资本进行投资，以追求收入的最大化，并从人力资本角度来揭示收入差别的原因、规律以及收入的决定[⑤]。很多学者认为，

---

① 徐辉，刘玉成，张明如，等. 多元就业条件下农民就业选择分析［J］. 统计与决策，2017（5）：108-111.

② 石智雷，施念. 城市化改造传统农民——基于劳动力城乡双向流动的视角［J］. 武汉科技大学学报（社会科学版），2016（3）：105-110.

③ 陈春燕. 中国农民现代化问题研究［D］. 长春：东北师范大学，2010：3-5.

④ ［美］西奥多·W. 舒尔茨. 改造传统农业［M］. 北京：商务印书馆，1999：151-155.

⑤ 方芳. 明瑟尔. 人力资本理论［J］. 教育与经济，2006（2）：16-18.

农民自身素质低下、文化贫困、缺乏技术等都源于农业劳动力人力资本积累与投入的不足。

（2）制度说。速水佑次郎等在《从贫困到富裕》一书中提出了诱致性制度变迁和诱致性技术变迁假说，认为制度创新是技术引进的一个重要条件[1]。卢荣善（2008）指出，受中国的二元经济结构制约，中国农民目前仍处于身份化阶段，现代农民的形成还处于初级阶段，同时，针对中国农业劳动力出现的女性化和老龄化趋势，他还进一步讨论了农民从传统到现代的演化和职业走向。冯子标、王建功（2010）认为中国的工业化进程中，存在就业优先与产业升级对劳动的排斥、城镇化对农民的吸纳与驱赶、土地制度对农民转移的牵绊三大矛盾，对现代农民转型形成了极大制约[2]。张德化、程业炳（2012）指出，在农民转型中肩负重要社会责任的是政府，应当加快制度创新、克服农民转型的羁绊，认为建设现代农业是现代农民形成的物质前提[3]。奂平清、何钧力（2015）的实证调研和数据分析表明，我国现阶段的户籍制度、土地制度阻碍着现代农民的形成，信息化时代下农村工业的就业弹性在迅速降低，增加了现代农民成长的机会成本，从而指出中国农民转型在农业现代化进程中更具艰巨性和复杂性[4]。

（3）资源说。樊英、李明贤（2014）从资源约束角度指出，从传统农民到现代农民的转变，最突出的影响因素是资本、土地、技术、企业家才

---

[1] [日]速水佑次郎，神门善久.从贫困到富裕[M].李周，译.北京：社会科学文献出版社，2009：63-72.

[2] 冯子标，王建功.农民转型的困境及其化解[J].当代经济研究，2010（6）：43-47.

[3] 张德化，程业炳.马克思、恩格斯的农民转型思想与实践价值[J].当代经济研究，2012（10）：18-22.

[4] 奂平清，何钧力.中国农民职业化现状及其影响因素——基于中国综合社会调查的分析[J].武汉大学学报（哲学社会科学版），2015（4）：123-125.

能等①。他们认为在历史及目前现实原因下,农民匮乏的资源阻碍了其迈向现代化的进程。

(4)利益说。农民收入相对下降,农民的比较利益偏低,城乡收入差别继续扩大,使得农民选择农业就业的动因面临困境,限制了农民自身的发展。

对现代农民成长产生推动作用的因素,相关讨论如下:

(1)现代化、城镇化推动论。法国学者 H.孟德拉斯在 20 世纪 60 年代曾大胆预测了传统农民的终结与现代农民的生成,指出"20 亿农民站在工业文明的入口处"②。林兴初等认为,农民现代化与社会现代化是相统一的,作为现代化实现的主体,农民的现代化在社会现代化进程中得以逐步推进③。朱启臻(2008)认为,小城镇的社会分工和利益分化对农民转型有极大的拉动作用,有助于农民的职业素质提升和生活方式转变④。

(2)经济发展促进论。现阶段中国的"民工经济",主要通过进城务工经商以获得城乡差别效益,在很大程度上加速了农民的职业分化,对于现代农民的成长有直接促进效应⑤。张德化、胡月英(2014)基于中国 1999—2010 年度数据,得出农民转型最主要的推动力是经济发展,为农业劳动力转移和就业提供更大空间的是第二、第三产业的发展⑥。

---

① 樊英,李明贤.传统农民向职业农民转变面临的资源约束分析[J].农业经济,2014(11):94-96.
② [法]H.孟德拉斯.农民的终结[M].李培林,译.北京:社会科学文献出版社,1984:247-271.
③ 林兴初,陈晓熊.农民现代化与发展本体的时代性变迁[J].理论与改革,2006(1):63.
④ 朱启臻.小城镇建设与农民现代化[J].小城镇建设,2000(1):38.
⑤ 李克海.民工经济与农民现代化[J].社会学研究,2005(1):160.
⑥ 张德化,胡月英.基于VECM模型的我国农民转型影响因素分析——来自1999—2010年度数据经验证据[J].湖南社会科学,2014(2):168-171.

(3)市场化推动论。冯子标等(2010)基于中国工业化的实践,通过构造农民转型的量化指标,并对农民转型予以实证分析,表明市场化指数与农民转型存在高度正相关关系,市场化改革是现代农民成长的重要推动因素[1]。田卫民(2012)研究表明,市场化指数每提高1个百分点,基尼系数将缩小0.1个百分点,市场化有助于显著缩小城乡收入差距,因此,进一步推动市场化改革是促进现代农民形成的重大现实任务[2]。

1.3.5 现代农民培育的国际经验

王丰(2013)通过对美国、法国、日本和韩国等农业发达国家培养培育现代农民的一系列先进机制的介绍,指出其成功之处主要在于建立起了以政府为主导,以农业院校为基地,以社会培训机构为辅助,教育、科研、推广三方面相结合的现代农民培训体制,对农民展开多元化、多层次的教育培训[3]。洪仁彪等(2013)具体研究了美国现代农民的形成,认为农业经营主体培育在于高度市场化,政府发挥作用的主要领域在农民教育培训等公益性方面[4]。李志远等(2006)认为,美国农业规模化的成功实现和现代农民的形成,在很大程度上归功于劳动力的合理有序的转移。朱康、张军(2011)等介绍美国政府通过《莫雷尔法案》《史密斯—利费农业推广法》《人力开发和培训法》《经济机会法》等一系列政策法规,健全建立"三位一体"的农村劳动力人力资源开发培训模式,即农业教育、科

---

[1] 冯子标,王建功.农民转型的困境及其化解[J].当代经济研究,2010(6):43-47.

[2] 田卫民.中国市场化进程对收入分配影响的实证分析[J].当代财经,2012(10):27-33.

[3] 王丰.美法日三国家庭农场的发展经验及启示经验[J].农业经济,2016(10):6-8.

[4] 洪仁彪,张忠明.农民职业化国际经验与启示[J].农业经济问题,2013(5):88-92.

研、推广三者联动来培育现代农民[①]。李红（2008）介绍了法国、日本和韩国不同的农民教育培训模式。如法国政府的做法是规定农民必须接受职业培训教育取得资格证书，实施严格的农业准入制度，其教育培训体系分为高、中、低三个层次，还创造了具有广泛世界影响和实践价值的交替培训教学法[②]。日韩的农民教育培训由国家统筹，农业部门与其他部门分工协作。蔡秀珍、朱启臻等（2011）介绍了荷兰、德国与加拿大的农民教育培训途径，荷兰实施农业教育与基础教育的双轨制，农业职业教育在小学高年级阶段就展开。德国的农民即使受过高等教育仍需要不少于三年的农业职业教育，加拿大的"绿色证书"则是农民购买或者继承农场的依据[③]。Jess Lowenberg-DeBoer（2015）介绍了以精准农业来造就现代农民的美国农业发展趋势，即利用信息技术的优势收集田地的精确数据，可使农民对土地的经营和投入方式精准到每平方英尺，农民可以依靠机器人进行农业的精准操作，甚至将有可能不用进入农业[④]。李由甲（2016）根据美、法、日家庭农场的发展经验从三个方面介绍了新型经营主体的现代化经验。李环环、牛晓静（2017）[⑤]，沈辉、李洪波（2013）[⑥]等通过对比法国与中国的农情及教育培训制度，指出法国的农民职业培训体系是推动农业现代化、

[①] 朱康，张军. 国外职业农民培育的启迪［J］. 北京农业，2011（1）：43-44.

[②] 李红. 日本农民职业化教育对策分析及启示［J］. 中国农业教育，2008（2）：15.

[③] 蔡秀珍，朱启臻. 论职业农民培育的意义及途径［J］. 教育与职业，2011（27）：160-161.

[④] Lowenberg-DeBoer. The Precision Agriculture Revolution—Making the Moodren Farmer［J］. *Foreign Affairs*，2015（5）：56-78.

[⑤] 李环环，牛晓静. 法国农民职业培训体系对我国的启示［J］. 中国成人教育，2017（1）：154-157.

[⑥] 沈辉，李洪波. 法国农民创业培训与我国大学生村官创业［J］. 继续教育研究，2013（9）：172-174.

助推现代农民成长的重要原因。耿大立（2013）通过介绍日韩农协的特点、运行模式，梳理出农协在推动农业现代化、促进现代农民成长方面的主要经验做法[①]。李毅、龚丁（2016）通过对日韩农民职业教育体系的详尽介绍，得出其现代农民培育的成功来自优质的教育环境和政府在对农民补助、信贷、保险方面的优惠，提出中国可借鉴其经验，优化农民培育教育的内外部环境[②]。李红（2008）、胡霞（2009）介绍了日本现代农民成长及形成的经验及体会。赖作莲（2014）指出日韩现代农民的历程与我国大致相同。

学者们对主要农业发达国家现代农民培育经验模式的研究表明，各个国家基本上都是根据自己的资源禀赋和市场经济环境选择各自的现代农民培育之路，对此提出中国现代农民培育的国际经验借鉴与启示。

1.3.6 国内外研究述评

发达国家大规模发展农业现代化已经走过了一个多世纪，与之伴随的农民现代化相关理论的产生更早。总体观之，国内外学术界对现代农民的研究，无论是综合素质与人力资本视角还是市场主体与权利视角，或是人的现代化的精神内核视角，以及现代农民的培育途径与制约因素等，均展现了现代农民应该具备的能力素质和利益动因，这无疑是本书的良好启示和基本参照，为本书对现代农民的本质界定、生成机制及形成条件的研究提供了广泛视角和理论基础。但是，关于现代农民的研究，也存在三个明显的不足之处：

---

① 耿大立.日本、韩国农民协会发展经验浅谈[J].世界农业，2013（7）：114-116.

② 李毅，龚丁.日本和韩国农民职业教育对中国新型职业农民培育的启示[J].世界农业，2016（10）：59-64.

（1）现代农民的内涵界定较为庞杂，主要以现象描述为主，虽然也有从不同角度进行的归纳和列举，但尚未形成现代农民内涵和外延相对确定的一致认识，难以对现代农民本质进行简洁、准确的识别，从而影响了现代农民在目前经济社会发展中的准确定位和功能发挥。

（2）关于现代农民成长与培育的文献，无论是从人力资本投入角度，还是借鉴"发展即自由"思想提出的对农民权利的培养思路，或是对现代农民的主体性培养，大多停留在具体培育途径的陈述上，对于现代农民的普遍形成条件，难以形成高度的规律总结和理论概括。

（3）在现代农民形成机制与影响因素方面的研究，多以经济学或某个单一学科角度来进行，主要以问题罗列和经验总结、定性分析为主，缺乏对问题产生之本源的深刻揭示，对机理研究难以形成深入进行的切入点，也少有上升到理论高度进行概括、总结和梳理，同时，缺乏数据支持与实证研究，因而导致研究结果缺乏科学性和可操作性。总体而言，尚未形成系统、完整的能够揭示现代农民成长规律的理论体系，缺乏对于现代农民生成机制的理论构建。

基于此，本书以工业化、城镇化下中国农业现代化实现为背景，对现代农民生成机制及形成路径的研究，集中于以下三点：①对现代农民的本质特征以就业选择集合视角的进行高度总结，以准确识别出现代农民不同于传统农民的本质特征；②对现代农民的成长路径、形成条件与生成机制进行系统研究和逻辑揭示，以理论研究和实证研究并重，从经济学、社会学、人口学、人力资本学等多学科角度对现代农民的生成机制和成长规律进行探讨与分析；③对现代农民生成的规律与机制在系统化研究的基础上，进行高度梳理和总结，进而构建起现代农民生成机制研究的一个理论体系。

1.4 研究内容、研究方法与创新之处

1.4.1 研究内容

第1章，导论。对本书的研究背景与研究意义进行阐述，正在进行的农业现代化建设对高素质农民产生了大量需求，择优转移使得农村人力资本严重匮乏，国家对现代农民的培养日益上升到战略层面，现代农民的培育与形成成为推进"四化"协调发展的重大历史任务。对国内外现代农民的相关研究从内涵界定、成长培育的途径、形成条件与影响因素、国际经验借鉴等方面进行梳理、总结和述评。介绍本书的研究内容与研究思路、创新之处，界定本书中现代农民的研究范围。

第2章，从选择视角识别传统农民和现代农民。首先，对于传统农民与现代农民的特征，从就业选择机会、主体能力、收入水平进行区别。进而对其特征的形成本源进行探讨，指出工业化创造出更多非农就业机会，改变了传统农民生而为农民的命运和单一职业选择的困境。其次，对传统农民与现代农民形成的本源问题进行了探讨，从而对两者的本质从就业选择集合视角进行准确识别。同时，以这一创新视角为全书的切入点和逻辑起点，对于现代农民的生成机制的揭示，从就业选择集合扩展、就业选择能力提高、就业选择条件形成三个维度出发，构建起非农就业机会增加——劳动力择优转移下农村人口的代际优化——农业企业化的系统性和关联性变化三者之间联动关系的理论分析框架。

第3章，农民就业选择集合的扩展：非农就业机会的增加。选择集视角下，现代农民面对扩展的就业选择集合，可进行多种职业选择。作为农业现代化和现代农民生成的基本前提，农村劳动力大量的非农转移意味着对其提供与创造更多的非农就业机会。中国的现状是，过多的劳动人口依然集中在第一产业中而不是非农部门。工业化、城镇化下的市场分工、产

业发展等带来了非农就业岗位和社会流动机会的增加，但是，作为发展中国家的中国，城镇化、市场化等因素对于农民非农就业的增加与贡献作用较之已经实现了工业化、市场化的发达国家有所不同。因此，本章在对农民非农就业现状进行了解的基础上，理论分析经济发展水平、市场化程度、产业结构及产业发展、城镇化程度，城镇固定资产投资等外部助推因素在非农就业集合扩展中的作用机理，并选取相关指标予以量化确定，通过收集31个省份2005—2016年的面板数据，以动态面板数据模型的GMM估计方法，计算测定各个指标对增加非农就业机会的作用及贡献度，为推动农民的非农转移和就业提供科学依据。

第4章，农民就业选择能力的提高：劳动力择优转移下农村人口的代际优化。工业化创造出大量非农就业机会，扩展了农民就业集合的同时，引致农村优质劳动力率先进行非农转移。①农村劳动力择优转移现状及成因分析。工业化带来的结构效应及更加精细的分工，催生了更多就业岗位，产生了对从业者的更高要求，引起了农村优质劳动力的率先转移。这种转移是农民在农与非农两部门之间套利的理性行为。②农民的选择性转移最终导致农民调整加大对子女的人力资本投入，改变了家庭人口生产偏好，由注重人口生产的数量偏好转向人口生产的质量偏好。③量质转型推动了农村人口的代际优化，成为现代农民成长的内部动力。④通过收集1985—2015年的中国农村妇女生育率与农村居民人力资本积累率等相关指标的时间序列数据，对经验事实进行验证。⑤农村人口代际优化的效应分析。结合理论与实证研究的结论，分析农村人口代际优化带来的农民就业选择能力提高对于农村人力资本的深化效应和农业技术形态转变效应以及农业生产组织的变迁效应，在此效应下，农业生产要素升级使农业生产函数发生改变和农业生产之变迁，为农业发展从低级向高级形态的演变和农业的企业化经营奠定了基础。

第5章，农民就业选择条件的转变：农业的企业化与农民的选择性就业。①从农业成长形态和农业生产函数变化的角度来定义农业现代化，得出农业现代化的实现条件是劳动力的大量转移和农业人力资本的深化。②分析农业企业化经营的必然性，以及农业企业化在中国的可行基础，指出农业企业化经营是农业现代化的主要实现形式。③对农业企业化经营与现代农民成长的双向影响机制进行分析。农业企业化经营对现代农民的成长具有"拉力"和"推力"作用。而由于农业企业的契约化，各个投入要素会要求其报酬的最大化，现代农民必然要求不低于非农部门的人力资本回报，在现代农民的选择性就业压力下，农业企业不断提高其生产经营能力和管理水平以获得最大收益，最终，农业企业化程度得以提高。④对企业化经营下现代农民农业就业条件形成的分析。由于开放的劳动力市场的存在，现代农民在面对其扩展的就业选择集合时，选择非农就业的条件为：从事农业的职业收入与非农产业从业者的职业收入大体均衡，或者不小于非农职业收入，最终形成农与非农就业工资差距的收敛。伴随这一条件的满足，农民真正成为一种职业，现代农民由此生成。⑤以中介效应检验模型对农业企业化经营与现代农民的生成条件进行实证检验。

第6章，现代农民成长的国际比较及经验借鉴。农业发达国家的资源禀赋不同，从而农业发展模式和农业现代化路径也各不相同。从扩展农民就业选择集合、提高农民就业选择能力、促进农民就业选择条件转变的维度，对美国、法国、日本三个发达农业国家现代农民的培育与形成途径进行国际比较。总结其成功经验在于，在提高农民能力方面，以农民培训教育提升农民的人力资本水平，并实施健全的立法保障，建立了严格的农业准入制度；在促进农民非农就业方面，重视劳动力的非农转移，建立完善的市场化体系以促进其就业；在促进农民就业条件转变方面，围绕提高农业收益，以各种土地政策推动农业的规模化、企业化经营，注重科研的投入与农业技术的推广应用，对农业实施各种保护政策，如补贴、进口限制、贷款优惠等。通过对现代农民成长的国际经验进行比较及分析，为中国现代农民的成长与培育提供了借鉴与启示。

第7章，助推现代农民成长的配套政策设计。选择集视角下，助推现代农民形成的政策主要包括以下三个方面：扩展农民就业选择集合、提高农民选择能力、促进农民择业条件转变。政策设计如下：①深入推进新型城镇化，发展新型工业化，深入市场化改革，优化产业结构，保障平等就业。目的在于扩展农民就业选择集合，促进劳动力的非农就业，从而助推现代农民生成前提的实现。②以各种方式加大农民人力资本投入，具体举措包括建立健全的农民培训教育体系，建立农民教育基金，推动城乡联动的十二年义务教育，最终目的在于提高农民就业选择能力。③提高农业收益，增加农业吸引力，以土地政策促进农业的规模化、企业化经营，注重农业新技术的推广应用，在工业反哺农业的思路下，对农业以补贴、进口限制、农业保险等多种方式加大保护，建立健全农民准入与退出机制，从而助推农民就业选择条件的转变。

第8章，结论与展望。对本书的研究过程、研究内容、研究思路进行回顾，得出研究结论，并对下一步的研究进行展望。

1.4.2 研究思路与研究方法

研究思路如图 1-1 所示。

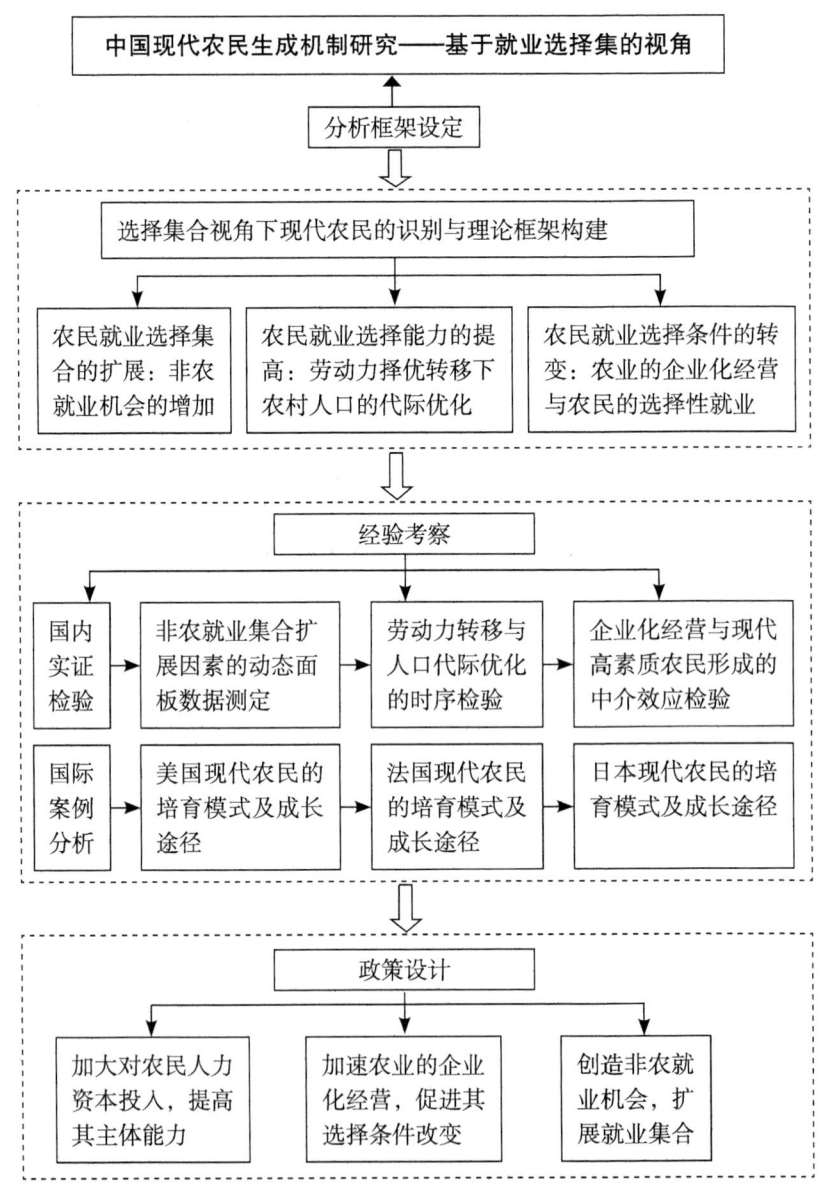

图 1-1 本书研究思路

研究方法：

（1）归纳、演绎及比较分析。对选择集视角下现代农民的生成机制的揭示，通过非农就业市场拓展—农业人口的代际优化—农业企业化的系统性及关联性变化，将这三者的内在机理及相关关系拟在理论分析中进行归纳演绎，总结其形成规律，进而得出结论。对发达国家现代农民成长与培育的成功模式进行总结、比较与经验借鉴。

（2）数理模型及统计分析。工业化背景下，各个增加农民就业机会的因素，对其扩展农民就业集合的作用及贡献度的量化测定，择优转移下农业劳动力素质是否出现长短期的调整及人口量质转型与代际优化关联的事实检验，农业的企业化经营下现代农民就业选择条件形成的中介效应，皆拟通过时序数据及面板数据的收集，应用计量分析和统计分析等方法进行实证检验。

1.4.3 创新之处

（1）本书把传统农民和现代农民的形成本源作为问题揭示的切入点。相较于传统农民的"世袭"身份和职业选择的单一性，现代农民拥有多种职业选择。本书将现代农民的本质特征置于就业选择集合这一创新视角下予以识别，高度简化对于现代农民本质特征的认识，奠定了本书研究中国现代农民生成机制的逻辑起点。

（2）对现代农民的生成机制进行系统化研究，构建起农民选择集合扩展、选择能力提高、选择条件转变的理论框架。在此框架内，以工业化进程中的非农就业机会增加、农业劳动力择优转移下的代际优化、农业企业化下农与非农工资差距收敛三部分的机理及三者之间的关联变化，作为现代农民生成机制与形成路径的理论探讨和逻辑揭示主体，从而厘清现代农民成长与形成的路径，提出助推现代农民成长的三维一体的政策选择，即扩展农民就业选择集合、提高农民就业选择能力、转变农民就业选择条件。

（3）多学科、多种研究方法的运用。突破既往相关研究中以经济学或者某一单一学科为主要视角，定性研究居多的不足，本书从经济学、社会学、人口学、人力资本学等多学科角度，综合运用多种研究方法，将实证分析与规范分析、理论分析与数理分析相结合，来研究现代农民的生成问题。对非农就业机会的变化扩展因素进行动态面板数据的实证分析，量化测定扩展农民就业集合的相关因素的贡献与作用；以时间序列数据对农业劳动力择优转移、人口转型、人口代际优化的传导机制及内在发展规律进行实证检验；对企业化经营与现代农民的成长及农业就业条件的转变进行逻辑分析，继而以中介效应检验模型予以实证分析与验证。

1.5 对现代农民的界定

现代农民源于城镇化进程中"谁来种地"这一问题的提出，与农业现代化建设任务共同依存。作为与农业现代化相称的主体，现代农民是工业化、市场化、农业现代化等多维变革与互动的产物，是工业文明的成果。现代农民具备经济产业的职业特性，他们是为市场而生产，追求报酬最大化的主体，是农业现代化进程中具备一定职业能力、职业素质的理性经济人，至少需满足"有文化、懂技术、会经营"的能力要求。在农业现代化进程中，传统农业被不断使用现代生产要素改造为现代农业，因此也经历着传统农民被改造为现代农民的过程，现代农民由此具备了现代化所要求的素质与内核。所以现代农民既有与现代农业相符的外在特征，又具有现代性这一内在属性。

从目前的中国国情来看，国家相继出台了培育现代农民的诸多政策，随之产生了"新型农民""职业农民""新型职业农民"等概念。自2006年中央一号文件首次提出培育"有文化、懂技术、会经营"的新型农民以来，其后多次提出需加快对"新型农民""新型职业农民"的培育。虽然这些概念的提出基于不同的发展背景，但均诠释出农业现代化进程中对农民的新要求，如占有一定资源、具有一定技能、职业收入主要来源于农业等基本要求。可以说，"新型职业农民"中的"新型"和"职业"属于双重定语，一方面是指身份化的农民已经产生职业分化这一事实，是对专门从事农业生产并且具备较高素质的群体进行的重新定义；另一方面，定语起到了对农民的带动、引领和示范作用，更便于政府的范围界定和管理。

同时，"农民现代化""现代农民"等相关概念也出现在学界讨论的热点中，这和新型职业农民的培养与兴起相辅相成，与农业现代化的建设实践密切关联。"农民现代化"强调的是农民与农业现代化相称的过程与实现状态，是对现代农民的动态描述，"现代农民"既体现出农民在工业化、市场化背景下与其他职业相同的职业属性，又体现出与传统农民的对比以及对农民发展新阶段的新要求，意味着农民在工业文明的推动下，拥有平等的社会权利和自由发展的机会。

虽然在目前研究现代农民相关问题中出现的"新型农民""职业农民""新型职业农民""农民现代化"等概念层出不穷，但这些概念或者侧重于特征描述，或者侧重于现代农民实现的过程。本书认为这些名词与现代农民在实际所指上意思基本相同，含义基本一致，是现代农民在不同语境下同义异名的不同称谓，因此，在本书中将其统一界定为现代农民。

2　从选择集视角识别传统农民和现代农民

传统农民被认为是一种社会身份,这是基于社会学角度的认识。现代农民被认为是农业现代化的另一面而无须证伪[①],强调的是产业结构及市场分工带来的职业转变与个人发展,注重其理性经济人的一面。现代农民与传统农民从特征及各自状态来看有诸多不同。但是,可对两者的形成作进一步思考,因此,将传统农民与现代农民的形成本源作为两者本质差异识别的视角,即两者具有不同的就业选择集合,这一创新视角也将是本书研究现代农民生成机制与形成路径的逻辑起点。

2.1　传统农民的特征与形成

2.1.1　传统农民的特征

传统农民的特征表现可以有很多不同的罗列和描述,但是总体来看,传统农民在职业选择机会、文化程度及自我意识、收入水平等方面,主要表现出选择机会匮乏、缺乏自主选择能力、收入水平低下的特征。

(1)经济结构单一,难以产生其他就业选择机会

农业社会经济结构单一,生产方式简单,农业技术落后,产出低下,缺乏市场交换的剩余产品,因此,缺乏经济发展与市场分工带来的其他就

---

① 郭剑雄.工业化、选择性转移与农民的职业化[J].内蒙古大学学报(汉文版),2016(5):106-116.

业机会。绝大多数农民一出生就注定无法选择其他职业，终其一生只能从事农业生产。舒尔茨在《改造传统农业》（2006）一书中指出，农民的生产技术落后，小规模生产方式长期内没有任何变化，这是一种特殊类型的经济均衡状态①。马克思指出，传统农民的生产基本上是为了供自己及其家属消费，其农业产品不具有商品性质不参加交换，农民家庭自给自足，几乎自己生产衣物、用具以及其他所需的一切。在农业社会单一的经济结构和缓慢发展的生产力之下，在农民自给自足的小规模生产方式下，生产工具简陋，劳动效率低，主要以劳动力的手工操作完成农业生产，农业产出量少，缺乏农业剩余产品。经济环境变化缓慢，市场经济和社会分工的物质基础欠缺，导致农民与外部发生关系的机会少之又少，使传统农民难以拥有更多的改变自身命运的机会，也难以进行社会角色的分工，几乎无法进行职业选择。

（2）文化程度低，创新不足，缺乏自主选择的能力

传统农民有着自己的乡土文化生活和淳朴民风，但同时也存在文化程度不高、人力资本水平低、思想守旧、缺乏自主性和创新性的一面。詹姆斯·C.斯科特在其著作《小农的道义经济：东南亚的叛乱与生计持续》（2001）中指出，传统农民经济行为的主导是"避免风险，安全第一"。传统农业社会以家庭为生产主体的农业生产方式，使农民注重家庭整体利益，认为只有家庭才是独立主体，农民的自主性从而丧失。长期以来，传统农民的生产活动严重依赖于生活经验和农业生产技巧，久而久之，形成了传统农民以传统习俗来衡量一切的价值尺度，导致其厌恶风险、反对变革和创新。正如马克思所指出的，小生产方式使人成为迷信的驯服工具，

---

① ［美］西奥多·W.舒尔茨.改造传统农业［M］.梁小民，译.北京：商务印书馆，2006：38-41.

成为传统规则的奴隶,使人们难以产生任何历史首创精神,思想受到极大的限制①。由于农业生产经常受制于天气、地理条件、交通条件、自然资源禀赋等因素,农民对于自然环境也表现出极强的依赖性。这种依赖使得传统农民生活闭塞,与外部的交互很少,故步自封。因此,大多数传统农民对于现状无法改变,没有能力改变,这才使传统农民这种角色定位有了命中注定的成分。

(3)低下的收入水平以及社会地位上的依附性

传统农业社会,生产效率和产出低下,农民收入主要来源于农业这一单一渠道,而且收入极低。低下的经济地位导致其低下的社会地位,低下的社会地位又导致传统农民无法摆脱其他社会集团的经济剥削和人身依附。中国社会主义制度的建立,从根本上消除了农民的人身依附性,但是在现实经济发展中,国家的工业优先发展战略,让农民的弱势地位依然难有较大改观。为了工业发展的积累,农民仍然承受着不同程度的经济剥夺,加之农业的弱质性特点,农民收入极低。这些不平等体现在农产品价格与工业品价格的"剪刀差"、政府对农村土地的低价收购、直到2006年才被废止的农业税等。《大英百科全书》认为,传统农民的依附性以及所受的经济剥削来自市场力量、非市场力量的各种压制。例如,在不完全竞争市场中,其他社会集团会通过不平等的市场力量对农民实施压力或对其利益实施侵犯。例如,大的社会经济集团对市场的垄断、操控等行为,产生的不利于农民的价格走向等都会对农民利益造成不良后果,因此,传统农民的本质特征是受外部权势支配的。在这一点上,马克思也认为传统农民本质特征的另一种表述是"指令经济中的人身依附状态",指出在中世

---

① [德]马克思,恩格斯.马克思恩格斯选集:第2卷[M].北京:人民出版社,1972:266.

纪欧洲"物质生产的社会关系以及建立在这种基础上的生活领域,都是以人身依附为特征的"。

分析表明,传统农民的特征表现不是孤立的,客观来看,既有经济结构单一、市场分工不完善、生产力低下导致其选择机会匮乏,无法自主选择的一面,又有主观上知识水平低下、自我意识缺乏,对外界依赖严重难以有能力主动选择的一面,当然还有低下的农业收入水平导致的人身依附状态。因此,传统农民的内涵体现在他们是社会等级的产物,具有被动而依附的文化心理和生存状态,缺乏对于身份或者职业的自主选择机会及能力。正如孟德拉斯在《农民的终结》里所言,"在一个受传统支配的乡村和社会里,人们甚至会怀疑个人选择的存在"[①]。

2.1.2 传统农民的形成

在人类社会的发展历史上,经历了三次变革性的大分工。第一次社会大分工是游牧业从农业中的分离,从而产生游牧者与农业劳动者的分工;第二次社会大分工是手工业从农业中分离出来,形成手工业者与农业劳动者的分离;第三次大分工则是商业与农业的分离,形成了专门从事产品交换的商人群体。三次人类社会大分工的经济学意义在于,奠定了三大产业的专业化分化方向,每种产业之下的生产效率均有所提高,产生了可以进行贸易与交换的剩余产品,形成了市场分工和职业分化的基础。

在漫长的农业社会,经济结构与生产方式单一,生产自给自足,生产效率低下,没有工业化和发达的市场分工催生的大量就业机会。传统农业经济发展缓慢,被舒尔茨认为是一种特殊类型的经济均衡,即所使用的农业技术与生产要素长期保持不变,农业生产方式长期不发生变动,农民缺

---

① [法] H.孟德拉斯.农民的终结 [M].李培林,译.北京:社会科学文献出版社,1984:47-53.

乏引入新要素的动力,是维持在简单再生产水平上的小农经济,且长期陷于停滞状态。这里所指的缺乏引入新要素的"动力",是指在传统农业社会的传统农民,面对农业社会不发达的市场分工和单一的就业机会时,缺乏自由选择职业的激励。在这种没有选择的情况下,传统农民的就业选择能力难以提高,农民只能从事简单农业社会中没有农业准入的农业生产,其特点是没有劳动力者的年龄限制和知识壁垒,无须工龄累计,也没有退休年龄规定,农民终其一生都是务农生涯。没有门槛条件的农业就业,不存在所谓"失业"的问题,也没有适用于他们的劳动保护法规和最低工资立法。传统农民从事农业并非出于一种自主自愿选择的,终身劳碌的务农生涯只是简单生存的需要,并非他们真正意义上的"职业"。这些源于传统农业社会单一的就业机会,加之缺乏自主选择职业的能力,因而对于绝大多数甚或90%以上的人来说,只能命中注定当农民。

由此可见,传统农民囿于单一的职业选择机会,因为除农业之外没有其他高收益率就业机会可供其作出选择。也可能存在极少的自由选择的机会,但传统农民具有的依附身份所产生的制度樊篱限制了农民的自由选择。因此,传统农民的形成源于传统农业社会占据主导地位的单一产业结构所导致的单一就业机会,使农民缺乏选择机会和选择的自由度,也导致农民缺乏对于稀缺机会产生的选择能力,因此显现出传统农民在农业生产上依赖于自然环境,自给自足具有依附性又不思进取的种种外在特征。基于此,可以将社会中所有劳动者的就业机会视作一个就业选择集合,单一选择机会则构成了传统农民的就业选择集合,即生而为农,或者"农民=农民"。孟德拉斯就曾指出,"没有选择是整个传统农民生活的特点"[1]。

---

[1] [法]H.孟德拉斯.农民的终结[M].李培林,译.北京:社会科学文献出版社,1984:67-73.

2.2 现代农民的特征与形成

2.2.1 现代农民的特征

与传统农民不同，现代农民的职业选择在工业化、市场化分工之下具有多样性，现代农民可以自由流动于劳动力市场，面对多种就业机会，利用一切可能的选择使报酬最优，具有较高而稳定的收入和高度的职业稳定性，且从农业就业中获益。因此，其特征在于，具有更多的就业选择机会、较高的文化素质与职业技能以及持续稳定的职业收益。

（1）就业选择多元化

工业化带来的产业化、市场化大分工，各种新兴产业的兴起和就业岗位的增加，使现代农民不再以单一的农业生产为就业渠道，择业范围呈现出多元化特征，就业范围专业化、产业化、创新化，与传统农民的择业空间和择业机会存在极大差异。现代农民面对的就业选择不再是单一的农业就业，发达的市场分工带来不同的就业岗位和就业机会，农民可以选择农业就业，也可以在劳动力市场上选择在各种非农部门就业。另外，农业生产经营内部也产生了多个环节的分工，不同环节具有不同的"工种"，各类具有不同农业技术的农民在农业产业链条中进行专业化种养、生产、销售等活动。农业具备的产业化、专业化特征，催生出了对于不同类型现代农民的需求，例如，为农业生产提供全程服务与技术支持的服务型农民、为农户的产品生产和市场销售搭建桥梁的中介型农民、专职进行农业生产活动的经营型农民等。因此，现代农民的就业选择得到多元化拓展，面对的是更多的就业选择机会。

（2）具有较强的主体选择能力

现代农民以较高的文化素质为能力基础和素质基础，通过现代农业生产技术和现代经营管理知识的掌握与应用来获取农业收益。其专门从事于农业生产经营，体现出现代农民的职业属性，与教师、医生、公务员等具有同等的职业价值和社会尊重，是具有较高职业素质和农业技能，以农业作为稳定职业的社会群体。现代农民面对的是专业化、规模化的现代农业生产经营活动，具备一定的专业生产技术和经营技能，其职业技能既有来自个体在生产实践活动中的总结学习，更有系统化的专业教育培训，是一个不断学习的、开放的社会群体。因此，现代农民文化素质较高、掌握着先进的农业生产技术、擅于运用经营管理知识，其表现出的主体特征说明，现代农民具备较强的职业素质和主体选择能力。另外，现代农民较强的自主选择能力，还表现在其面对多种职业选择时，有能力转换岗位或离开农业领域，从事非农领域的职业和工作，其他职业的从业人员在具备一定的能力基础后也可以成为现代农民。对于个体而言，现代农民的自主选择能力较之传统农民有很大的提高，而且是动态变化的，可以发挥主观能动性进行自主调整。

（3）具有较高的农业收入

现代农民在完全的市场经济环境中从事农业生产经营活动，具有一定数量的耕地，农业生产有一定的有效时间，涉农生产经营活动构成其主要收入来源。现代化的农业生产、科学技术的掌握和运用、农业生产效率的提高等，为现代农民带来了更高的农业收益，成为吸引农民在农业领域就业的利益动因和条件。为确保现代农民职业的持续稳定性，其总体平均收益水平应不低于社会平均收益水平。

因此，现代农民通过从事农业生产经营活动获得较高的农业收入，成为区别于传统农民的又一主要特征。

显而易见，现代农民的主要特征体现在就业选择的多元化，具有较高的文化素养和专业生产技能以及较强的自我发展能力，具有开放的视野与创新精神，以从事农业生产经营为职业，具有持续稳定的职业收入来源。从当前现代农业的发展队伍来看，具备这三种特征的现代农民主要包括以下三类：一是农业产业化组织的各种带头人，如农业企业主、专业大户、家庭农场主、农民专业合作社负责人等；二是各类农业技术服务人员，如农业植保员、防疫员、水利员、农机人员等；三是从事农业生产中的各种生产经营型人才，如种养大户、农村经纪人、农业产业工人等。

2.2.2 现代农民的形成

现代农民形成于现代工业和现代服务业大规模兴起的工业化进程。正如孟德拉斯1967年在《农民的终结》一书中所言，"20亿农民站在工业文明的入口处"。工业化带来的传统农民身份的终结和现代农民的生成是历史发展的必然趋势。在孟德拉斯看来，农民的终结并非意味着农业或者农村的终结，只是"小农"的终结，是"小农"（Paysan）到"农业生产者"（Agriculteur）或农场主（Famier）的变迁，在变迁中农民获得了新的社会定位与经济角色。传统农民到现代农民的转变来自工业化、城市化下巨大的社会变革，现代农民则是现代化进程中经济发展与市场变革多维互动的产物，伴随农业形态变化，现代生产要素的引入以及对传统生产要素的替代，在传统农业改造为现代农业的过程中，传统农民逐渐被现代农民所替代。

第二、第三产业的形成与发展来自工业化的催化，从而产生了大量不同于传统农业社会的新的就业机会和工作岗位。其中，有来自第二产业的采掘业、制造业和建筑业等诸多行业和企业，也包括第三产业的批发零售、交通运输、餐饮服务、金融房产、教育科技等大量部门，就业空间分布于城市各个正规部门和非正规部门以及农村非农产业部门。工业化的迅速扩张和大量就业岗位的出现，对劳动力产生了巨大需求。工业化发展初期,城市人口较少,非农生产函数中的劳动投入要素主要由农业转移劳动力来充任。另外,工业化、市场化有利于劳动力的工资机制的形成,非农部门的高工资率对农业转移劳动力的就业产生了极大激励,这一点无论是发达国家已经发生的农业劳动力的大规模非农转移,还是目前阶段中国农村劳动力正在发生的大量非农转移,都验证了工业化进程中的这一事实。国家统计局数据显示,截至2016年,中国农村转移劳动力达到2.82亿人,其非农就业比例在50%以上,其中从事第二产业的农民工比重为51.5%,从事第三产业的农民工比重为48%,这源于工业化带来的广阔的非农就业空间,庞大的"传统农民"向"非农"转变已成为既定事实。

因此,工业化进程下,现代工业和现代服务业的大规模扩展与兴起,产生的经济结构演变效应,使专业化生产充分发展,农民则通过分工分业实现了多种身份的转变和职业分化。传统农业社会简单的生产方式下,生产效率和交换效率低下,人们必须自给自足,可供交换的剩余产品很少。工业化带来市场分工和交易效率上升,亚当·斯密的分工理论就曾指出,具有不同专业技术的人通过分工协作可以提高生产效率,增加产出从而增进国民财富。在工业化发展形成的日益开放和充分流动的城乡劳动力市场上,大量农民面对更多的就业机会,产生了农业劳动力大规模的非农转移。正如孟德拉斯所言,身份农民的终结是工业化发展的必然,也是工业化的重大革命意义所在,"延续了几千年的农业文明在工业化面前衰亡了,永恒的'农民精神'在我们眼前死去了……这是工业社会征服传统文明的最后一块地盘的最后战斗"。在农民面临工业化带来的多种就业机会和分工分业下,传统农业社会结束了几千年来以"身份决定饭碗"的生存逻辑和职业选择规则。从全球范围来看,农民的分工分业随着新型城镇化的推进,产生了两种职业去向:一种是继续从事农业生产经营活动,由传统农民转变为农业生产者、农业技术人员、农业经营管理者，即成长为现代农民的一部分；另一种则从事于非农产业，成为第二、第三产业的从业者、生产经营者和城市市民。同时，城市居民中愿意从事农业生产经营的人员通过努力成为现代农民。

由此可见，在工业化发展和市场分工的推动下，现代农民不再是一种身份界定，而是一种由专业分工决定的职业表述，是产业结构调整的必然结果。这意味着，工业化给出农民自由选择的机会，使其与传统农民的单一职业选择具有本质上的不同，这种对多种职业进行自主选择的过程，是传统农民的演化消亡与现代农民的形成过程。

2.3 选择集视角下现代农民的本质界定

2.3.1 传统农民与现代农民的区别

作为农业现代化进程中较之传统农民的一种高级形态，现代农民与传统农民在外在特征上存在诸多不同。

（1）生产手段和技术水平不同。传统农民关系维持主要依赖于血缘宗亲，农业生产方式简单粗放，生产规模较小，农户分散经营、自给自足，土地和劳动是基本农业要素，以密集型劳动投入来获得农业的技术进步。现代农民以物质资本和人力资本为主要资源，农业技术体系的基本特征体现在广义资本的密集化配置上，采取集约化经营方式，生产规模较大，生产过程复杂。同时，由于劳动力的大规模非农转移以及资本相对价格的下降资本对劳动产生了大规模的替代，农业劳动力资源也随之变得稀缺。

（2）素质条件不同。传统农民从事农业生产主要依靠生产经验和习惯判断，经常忽略农业科技知识、经营管理知识和人力资本投入，以及生产具有的明显的保守性和盲目性特点。现代农民拥有较强的市场经营能力，在现代农业生产经营中需要掌握较强的农业技术，需要较高的科学文化知识，是能够主动适应现代农业以市场为中心的产业化经营和规模化、标准化生产要求的高素质农民。因此，传统农民与现代农民在职业素质、技能水平、文化程度等方面存在很大差异。

（3）生产组织与经营方式不同。传统农民的家庭生产方式为非企业性质，难以进行大规模生产，以种植农作物为主，生产决策主要依附于消费决策，其农业产出量仅能满足自我的基本生活需要，农业产品的商品化率和市场化率较低，较少与市场发生关系。现代农民的主要生产组织是规模化经营的农业企业，具有较高的土地装备率和资本装备率，以商业化或市场化为生产经营模式，其生产决策是以市场为中心，追求利润最大化，生产经营的农产品附加值和商品化率都很高。

（4）收入水平和生产目标不同。"马尔萨斯陷阱"是传统农民难以摆脱的困境，生产出维持生存的产量是传统农民追求的最大目标。现代农民具有较高收入，其获得的农业收入与非农产业从业者收入可大体持平，现代农业生产组织的特征与目的和工商企业相同，都是市场的竞争者和利润的追逐者。

（5）流动性不同。农村是传统农民生于斯长于斯的地方，在城乡二元体制下难以流动，相对封闭。现代农民面对农与非农两部门不同的就业收入时，在开放流动的劳动力市场上为实现报酬最大化而作出自由选择，进行自由流动。这一群体不但彻底打破了传统农民的世袭身份，在不同职业中自由选择，还突破了地区与户籍的局限。本地农民、外地农民、城镇居民等，只要有志于从事农业生产，都可以成为现代农民。因此，现代农民在职业选择方面可以根据自身兴趣爱好、实际能力和发展方向作出自由切换，在地域上则表现出很强的流动性和开放性。

总体而言，依据现代农民和传统农民的特征表现来进行两者的识别，由于对其内涵和外延的观察不同，两者的区别难以穷尽。但是，对比前文所述的两者的形成本源，可以发现传统农民形成于传统农业社会中单一经济结构所导致的单一职业选择机会，现代农民则形成于工业化带来的经济结构裂变与市场分工加剧下就业机会的增加所导致的多种职业选择机会，使现代农民不再有传统农民那样难以改变的世袭和强制身份。

2.3.2 现代农民的本质界定

较之传统农民，现代农民有诸多明显特征，但是通过对各自形成本源的分析表明，传统农民形成于农业社会单一的就业结构，其先赋身份是难以改变且无从选择的，故生而为农民；现代农民较之传统农民，由于农业社会在迈向工业化社会、传统农业向现代农业转型的过程中，产生了多种就业机会，因此，现代农民具有更多的职业选择机会。

传统农民形囿于传统农业社会单一产业结构带来的稀缺的非农就业机会，这导致传统农民的职业无从选择。工业化的发展与变革，拆除了传统农民的"身份围城"和制度藩篱，改变了农民的人身依附状态。在工业化的快速推进下，大量非农就业机会形成，劳动力市场走向城乡一体化，促进了劳动力的自由流动和非农转移就业，进而引致农村人口生产偏好发生了由量到质的逆转，农民的人力资本水平得到动态提升。因此，工业化进程下身份农民的终结必将成为不可阻挡的历史发展趋势。

在工业文明的推动下，现代农民摆脱了传统农民的"世袭"身份，开始面临多种职业选择，在拥有多种就业机会的前提下，可以作出主动职业选择。这是由于城镇化和工业化带来了劳动力市场的重大变化，即劳动力市场日益开放和完善，非农就业市场得到极大拓展，现代农民拥有了大量就业机会，脱离了受外部权势支配的身份状态，农民可以依据个人的知识、技能、兴趣进行主动择业。此时的劳动者的就业集合，出现了从单一到多元的变化，开始由众多选择机会组成，农民面对的职业选择集合中有两个或两个以上的选择项，现代农民较之传统农民具有了选择集合的特征。正如奈斯比特在《大趋势》中所言，当今时代是一个"从非此即彼的选择到多种多样选择"的时代。因此，传统农民的"世袭"和"别无选择"与现代农民对于职业在多种选择机会下的自主选择，成为传统农民与现代农民的本质差异，也构成了本书对现代农民本质特征的识别视角。

高度工业化和充分市场化的社会，产生了高生产率和高工资率的非农就业机会，促进了农与非农之间劳动力市场的相互开放和自由流动，使现代农民的就业选择集合成为由多种就业选择机会组成的集束结构，而不再是一种单一结构。从事农业成为劳动者在拥有多种就业机会这一前提下的自主自愿选择，这也是工业文明的自由精神之体现。正因为这种与传统农民的单一就业选择不同的多元就业选择集合，现代农民成为一种"职业"，不再是传统农民那种处于底层依附状态的无奈"身份"，也不是传统农民那种无可选择的"选择"和命定为农，而是现代产业体系中拥有就业选择机会和自主选择权利、具有就业选择能力的市场主体，尤其是多种选择机会为农民的向上发展提供了自由通道。

由此可见，在对于现代农民的本质识别与界定上，通过传统农民与现代农民形成本源的对比，结论最有可能接近所讨论对象的本质，现代农民的本质内涵被高度简化和准确识别。因此，现代农民转型的实质是农民面临更多的职业选择机会，由被动选择走向主动选择。

因此，本书针对传统农民具有的"世袭"身份和职业选择的单一性，将现代农民置于就业选择集合视角下予以识别，现代农民的本质在于职业的可选择性，可在选择集合这一"可能性空间"中收缩其自由度。以选择集这一创新视角为切入点，也是本书研究现代农民形成机制的逻辑起点。工业化进程中就业选择集合扩展引起了一系列关联变化，现代农民的生成则来自这一系列变化的过程和结果，其形成路径是农民具有非农就业机会，转移到非农产业——农民在非农收入激励下通过理性调整来提高自身选择能力——农业企业化经营下农与非农就业工资的收敛，形成现代农民选择农业部门就业的条件。从而其生成机制的理论分析可以从农民就业选择集合扩展、选择能力提高、选择条件形成三个维度进行逻辑揭示，且三者缺一不可，共同作用于现代农民的生成。基于此，本书将构建起非农就业机会拓展、劳动力择优转移下的农村人口代际优化、农业企业化经营与农民的选择性就业三者之间联动关系的理论分析框架。接下来的研究将对这三部分机理进行逻辑揭示，结合数理模型及统计分析方法对各部分的理论分析进行实证检验，以探索现代农民的生成规律和形成路径。

3 农民就业选择集合的扩展：非农就业机会的增加

选择集视角下，现代农民的最大特征在于其职业可在就业选择集合这一"可能性空间"中自由选择。农民就业集合的扩展意味着通过创造出更多非农就业岗位，使农民转移到非农产业，使农民拥有更多的职业选择机会。农民进入工业化生产方式，获取与产业升级匹配的更高技能以及通过"干中学"的方式提高就业能力，获得更高收入与经济地位，完成从传统到现代的转变。同时，大量农民的离农就业为农业的规模化、企业化经营奠定了基础。阿玛蒂亚森在其经典论著《以自由看待发展》一书中指出，工业化、社会现代化、技术进步、经济发展、社会权利等都可对扩展人类自由做出重大贡献。由此可见，农民拥有更多自由机会，就业选择集合的扩展，既需要外部环境的改变与完善，又需要更多非农就业机会的提供与创造。工业化、市场化对于农民就业机会的提供与扩展，作为现代农民生成的前提条件，成为本书研究现代农民生成机制的首要问题。

国家统计局 2016 年数据显示，我国第一产业增加值占 GDP 的 8.6%，这一比例一直以来都在持续下降，但第一产业就业人员仍占总就业人员的 27.7%，过多的劳动人口依然集中在农业部门。毋庸置疑，工业化、城镇化下的市场分工、产业发展等带来了非农就业岗位和社会流动机会的增加。但是，作为发展中国家的中国，城镇化、市场化等因素对农民非农就业的增加与贡献作用较之已经实现了工业化、市场化的发达国家会有所不同。因此，本章在对农民非农就业现状进行了解的基础上，对影响非农就业集合扩展的因素进行理论分析，选取相关指标予以量化确定，运用动态面板数据进行实证检验，从而发现与测定各个指标对非农就业领域拓展及非农就业机会增加的影响作用及贡献度，为增加农民就业选择机会、助推现代农民生成这一基本前提的实现提供政策依据。

3.1 农民非农就业现状

3.1.1 非农就业机会大幅增加

改革开放以来，工业化、城市化步伐在不断加快，伴随新兴产业、服务业的兴起，农民的非农就业范围更广，涉及的就业岗位更多。大规模的农民非农转移和就业，使农村劳动力从事第一产业的人员数量逐年下降，第二、第三产业的乡村从业人员数量逐年增长。国家统计局数据表明[1]，2016年农村转移劳动力有2.82亿人，在第二产业就业的人员比例为52.9%，其中，制造业的就业比重为30.5%，建筑业为19.7%。转移劳动力就业于第三产业的人员比重为46.7%，其中，就业于批发和零售业的比重为12.3%，交通运输、仓储和邮政业为6.4%，住宿和餐饮业为5.9%，居民服务、修理和其他服务业比重为11.1%（见表3-1），分别比上年提高0.2个、0.3个、0.2个百分点。此外，非农转移人员的就业范围还涉及金融、教育、文化、体育和娱乐业等服务业，虽然从业比重较低，但比例在逐年提高。总体来看，农村劳动力非农转移的规模和数量在不断扩大，从业比例和非农职业呈多样化，非农就业机会在不断增加。

---

[1] 资料来源：中华人民共和国国家统计局《2016年农民工监测调查报告》。

表 3-1 农民非农就业的行业分布

行　业	2015 年 /%	2016 年 /%	增减 / 百分点
第一产业	0.4	0.4	0.0
第二产业	55.1	52.9	-2.2
其中：制造业	31.1	30.5	-0.6
建筑业	21.1	19.7	-1.4
第三产业	44.5	46.7	2.2
其中：批发和零售业	11.9	12.3	0.4
交通运输、仓储和邮政业	6.4	6.4	0.0
住宿和餐饮业	5.8	5.9	0.1
居民服务、修理和其他服务业	10.6	11.1	0.5

资料来源：国家统计局《2016 年农民工监测调查报告》。

3.1.2 非农就业收入逐年增长

随着大量农村劳动力转向非农就业，农民的非农就业收入已成为农民家庭的主要收入来源，农民的人均收入也在逐年大幅提升。国家统计局的数据表明，2016 年农民非农就业的月均收入为 3275 元，比上年增长 6.6%。总体来看，农民人均非农纯收入 1978 年为 99.8 元，2008 年为 2814.7 元，2016 年则超过了 5000 元，从 2000 年开始，农民的人均非农收入在总收入的比重中已超过 50%。其中，来自第三产业的收入增长最快，且以批发和零售业，住宿和餐饮业，居民服务、修理和其他服务业为主。

非农转移群体中，本地务工的农村转移劳动力收入增长最快，2016 年月均收入达到 2985 元，超出上年 7.3%。来自外地非农转移群体的月均收入为 3572 元，高于本地非农转移就业群体，但是增长率较低，为 6.3%，这说明本地的非农就业也开始具备一定的吸引力。其中，收入增长最快的地域为中部地区，农民非农就业月均收入为 3132 元，比上年增长 7.7%；东部地区农民非农就业的月均收入为 3454 元，非农就业的收入水平依然位居全国第一,但是近年来增长速度略有减缓,比上年增长7.4%,略低于中部增长水平;西部地区农业劳动力的非农就业月均收入为3117元,比上年增长5.2%;东北地区非农就业吸引力明显不足,月均收入只达到3063元,目前来看,非农就业收入处于全国较低水平,比上年减少1.4%。农村劳动力的非农就业收入在逐年增长的同时,其收入水平在地域结构方面有所差别,说明非农就业机会与非农就业的吸引力在全国的分布不够均衡。

3.1.3 非农就业经历不断增加

CGSS 2013调查结果显示,以个人为单位,43.25%的农村户籍人口有着非农就业的经历,其中有1/4的人在非农就业后又返乡,但目前仍有26.41%的人正在从事非农职业。以农村家庭为单位,至少63.8%的农村家庭成员有过非农就业经历,目前仍在从事非农职业的家庭至少占55.7%。从年龄结构及性别来看,非农就业群体的平均年龄为38.7岁,44岁以下的占70.2%,其中,男性占68.3%。从受教育程度来看,以初中教育程度居多,所占比例为59.3%,高中及以上(包括大专)的人数比例为26.7%。非农就业后回乡务农群体中男性占63.7%,劳动力平均年龄为43.2岁,35～54岁的占比为56.9%,受教育程度以初中为主,高中及以上的比例为9.6%。表明早期劳动力转移中以男性、受教育程度相对较高的劳动力居多,更说明非农就业后又选择回乡务农明显是受个体生命周期的影响。无非农就业经历的务农群体则以女性居多,其比例为62.2%,平均年龄为48.27岁,40～59岁的占62.7%,一般是小学及以下文化程度,高中及以上文化程度的仅占4.0%,说明性别与受教育程度对非农就业能力具有重要影响。不过,近年来两性差距有逐渐缩小的趋势,加之女性受教育程度逐渐提高,在工业化、城镇化的快速推进下,有非农就业经历的农村劳动力在逐年增加。非农就业经历对农业劳动力的现代意识、能力素质等的提升意义重大，被认为是农民市民化、现代化的必经之路和有效途径。

3.1.4 非农岗位技术含量较低，社会保障水平低下

农民的非农就业岗位大多具有劳动密集型特点，技术含量低，劳动强度大，收入来源单一，薪水很低。其中，农村转移劳动力在非正规部门就业的比例最大，其岗位特点是脏、累、苦、险，面临的传染病、生产事故和职业危害较多，劳动安全保障低。经调查统计，农村转移劳动力的工资水平远远低于城镇工人的工资水平，只相当于城镇工人的55%，且居住环境和生活条件普遍较差。自2011年起，我国的城镇化水平就已经突破了50%，大量农村劳动力迁移至城市。虽然他们长期生活在城市，但却难以享受市民待遇。很多农村转移劳动力主要居住在城中村，或者城乡接合部的简易房。经济适用房、城镇廉租房等保障性住房由于多方面原因，农村转移劳动力对此的使用尚有难度。在外出农村转移劳动力中，18.2%居住于工地工棚、生产经营场所，45.5%的农村转移劳动力雇主不提供住宿，也无住房补贴，而雇主为转移劳动力办理住房公积金更是少之又少，仅占6.3%。CGSS 2013的调查结果显示，享受社会保险和福利待遇的农村转移劳动力较少，用人单位为其缴纳养老保险、医疗保险、工伤保险的比例分别只达到13.9%、16.7%、23.6%，而失业保险和生育保险的比例更低，分别只有8%和5.6%。在农村转移劳动力子女的入学教育方面，问题依然很突出，非农就业群体中近20%的人员，其子女就读的是农民工子弟学校，教学质量不高、政府财力支持有限。异地高考比率更低，不到5%，这也导致农村存在大量的留守儿童和"隔代教育"问题，从而严重影响非农就业群体的再教育和就业出路。总体来看，农村转移劳动力依然承受着就业歧视和社会保障低下的双重不公平待遇。

3.2 农民就业选择集合的扩展因素分析

农民就业选择集合的扩展即为农民提供和创造更多的非农就业机会，意味着使农民拥有更多的职业选择自由和空间。阿玛蒂亚·森的"发展即自由"观点指出，自由来自外部环境的改变与完善，如工业化、技术进步、经济发展等。在工业化推动下，城镇化、市场化、产业发展等带来了就业岗位和社会流动机会的增加，扩展了农民就业选择集合，提供了更多的非农就业机会。

3.2.1 经济发展水平

世界各国的经济发展经验表明，经济发展水平明显影响着农村劳动力的转移。奥肯定律对于经济增长与就业的关系也充分说明，经济增长与就业率存在明显的正相关关系，即经济发展的高增长率往往伴随着高就业率，经济发展的低增长率则与低就业率双生双伴。经济发展分为经济总量增长和经济增长方式转变两种类型，经济总量增长特别是非农经济的发展，无疑会产生对劳动力的更多需求，为农村劳动力的非农转移提供可能，是非农就业的主要动力。经济增长方式有粗放式和集约式两种，不同的增长方式也会对农民的非农就业机会产生不同的影响，其影响有正有负，有短期影响和长期影响。粗放型的经济增长方式以资本、土地、劳动力的数量式投入来进行，一般来说，对低素质劳动力的需求较大，会促进非农就业机会的增长，但是不利于经济的长期发展；集约型经济增长方式依靠的是技术进步和劳动生产率的提高，是一种内涵式增长，有利于经济的长期发展，但集约型经济增长对劳动力的技能与素质要求较高，当劳动力质量与之不匹配时，会导致劳动力就业出现停滞或就业率下降。另外，在经济的集约型增长下，产业的结构性调整和国企改革分离出大量城市劳动力,这些离岗劳动力与农村剩余劳动力的就业形成了竞争,对农民的非农就业起到一定的挤出效应。总体来看,处于发展中国家的中国,经济总量增长与经济增长方式转变两者是并存的,总量增长带来劳动力的非农就业增长,其中也交织着产业结构变化、国企改革带来的短期不利影响。但是,可以肯定的是,经济发展终将促进农村劳动力非农就业机会的增加。

3.2.2 市场化程度

市场交易和机制带来了诸多自由发展的机会,这一点毋庸置疑。中国的市场经济改革成就为全世界所公认。张维迎认为,市场经济最大的受益者是普通人。诸多学者则指出,市场化改革不彻底、过多的政府干预会限制农民的发展机会,使农民的机会选择不够均等。发达国家的农业产业化、农民现代化,无一不是来自完善的市场经济体制的推动和支撑。因而,日益开放和不断扩大的市场体系的形成,是产业之间、产品和要素之间充分流动的基础。由市场配置资源,各项生产要素如资本、土地、劳动力,通过在城乡之间、区域之间、市场之间的自由竞争和合理流动,达到资源的优化有效配置,这种有效配置不但形成了农民非农就业的激励,也为非农就业市场输送着大量农村劳动力。

中国农村劳动力转移所经历的时序变迁,验证了市场对劳动力在城乡之间的配置作用。1978年改革开放由计划经济开始走向市场经济以来,农村劳动力转移经历了1978—1990年的波浪形发展时期,即家庭联产承包制下市场化改革的快速发展时期、城市商业发展缓慢的非农就业增长率下降时期和经济发展的平稳上升时期。1992年建立起社会主义市场经济体制以来,大量富余的农村劳动力突破小城镇,进入大中城市,农村人口非农就业增长率趋于平稳。2000年以后,伴随21世纪的到来,在中国的市场化改革下,市场体制日趋完善,城乡劳动力市场趋于一体化,非农就业比率进一步稳步上升。由此可见,农民非农就业机会的增加离不开市场化改革和市场化程度的深入推进。

3.2.3 产业结构与产业发展

工业化是现代工业、现代服务业的兴起与扩张下的社会经济结构演变的过程,其产生的横向裂变和纵向分层以及网络化的市场效应源自充分发展的专业分工。杨小凯指出,"分工的网络效应使市场大小与分工程度相互依赖"。在低下的交易效率下,人们只能选择自给自足,但是由于时间、精力和经验有限,产品数量和种类很少。当交易效率上升时,产品数量和种类可以在不同专家之间的分工生产下得到极大的提高[1]。可以说,任何产业的存在都不能脱离专业化分工的充分发展,分工越复杂,产业之间的联系越紧密。

工业化催生出传统农业社会完全没有和性质不同的新的就业岗位,农民的非农就业则是由传统小农加入现代分工体系,由第一产业进入第二、第三产业的职业分化过程。第一产业通常以自然物为生产对象,是提供生产物资材料的基础型产业。第二、第三产业分别是对初级产品进行加工制造的部门和为生产消费提供各种服务的部门,也意味着更多的就业岗位和机会,三大产业互相依赖、相互制约。其中,第二产业是三大产业的核心,带动第一产业发展,共同为第三产业的发展创造条件,第三产业反过来促进前两者的进步。一般来说,发达国家的产业发展趋势为,三个产业发展呈"三二一"梯队状,且第三产业产值和就业人口比重都在50%以上,这说明非农就业机会的增加主要来自第三产业的发展支撑。2016年,

---

[1] 杨小凯.发展经济学——超边际与边际分析[M].北京:社会科学文献出版社,2003:35-42.

我国第二产业增加值为296236亿元,增长6.1%,GDP占比为39.8%;第三产业增加值为384221亿元,增长7.8%,GDP占比为51.6。第二产业非农就业比例为52.9%,第三产业非农就业比例为42.7%。第二、第三产业的发展,为农民非农就业提供了广阔的发展空间和大量就业机会。

3.2.4 城镇化程度

城镇化是人口通过向城市聚集最终实现市民化的过程。在这个过程中,城市数量不断增加,城市规模有所扩大。因而,城镇化的实质含义是,人类从传统农业社会进入工业化社会,在经济结构的变化下,农业比重逐渐下降、非农比重逐步上升,随着这种变动效应,乡村人口比例逐渐降低,城镇人口比重随之逐步上升,居民的物质水平和精神面貌逐渐走向城市文明的过程。衡量一个国家或地区社会经济的发展水平,通常以城镇常住人口占该地区常住总人口的比重即城镇化率这一指标来衡量。城镇人口的内涵是人口居住的区域范围在城市或集镇,享受城镇服务设施,主要以从事第二、第三产业为主的特定人群,包括城镇中的非农人口、从事非农产业的农业人口、在城郊从事农业的农业人口,其中还包括长期居住在城镇但人户分离的流动人口。城镇化蕴含的庞大内需潜力,为劳动力非农转移与就业提供了广阔的空间,在很大程度上解决了劳动力就业问题。城镇就业是我国就业增长的主要源泉,这一点可为国家统计局数据所证明。1952—2000年,我国的城镇化率从1952年的12.46%上升到2000年的36.22%,增加了近2倍,与此同时,我国城镇就业人数的增速也快于乡村。其中,1978—1989年,城镇就业人数年平均增长速度高于乡村1.44倍,1995—2000年,城乡就业增长率的差距扩大到5.27倍。随着城镇化进程的继续加快,2016年我国城镇化率增至57.35%,全城镇就业人数在全国就业总人数中的占比为52.17%。城镇化在解决就业问题上具有极大优势,城镇化率或者城镇化水平的提高将会吸纳更多的农民进入城市，也会促进农民的非农就业。

3.2.5 城镇固定资产投资

城镇固定资产投资显现了国家对城镇建设的支持和力度，是国家实力的综合反映。作为拉动 GDP 增长的"三驾马车"之一，投资对经济发展具有乘数效应，即一笔投资会引起其他产业的需求进而带来数倍于这笔投资的 GDP 的增加。城镇固定资产投资是城镇各类企业、事业和行政单位以及个人更新、建造与购置固定资产的经济活动，是采用先进技术装备来建立新兴部门的手段，通过调整经济结构和生产力的地区布局，最终改善居民的物质条件和城市资源，可以为农村劳动力提供更多的非农就业机会，有利于农村劳动力的就业吸纳。固定资产投资额则是以货币表现的固定资产投资工作量，反映出城镇建造、更新和购置固定资产的活动，是其在结构、速度、规模和使用方向上的一个综合性指标，主要包括铁路、公路、机场、电网等基础设施的建设投入和房地产开发、制造业及服务业的改造扩建等项目，对于城市设施的完善，城市资源服务的供给具有一定的指标衡量作用。在我国的经济增长中，消费、投资、出口这三大需求对 GDP 的贡献和拉动各有不同。很长一段时间我国的经济增长主要依靠投资拉动，2003 年，投资对经济增长的贡献率一度达到了 70%，对 GDP 的拉动率为 7%，远远高于消费和出口。2009 年，中国面对全球金融危机时，城镇固定资产投资对经济的贡献再一次刷出历史新高，达到 86.5%，对经济的拉动率达到 8.1%。一直以来，我国城镇固定资产投资对于 GDP 的贡献率都在 40% 以上。由此可见，城镇固定资产投资不但是国家综合实力的反映，能够拉动经济增长和就业，还反映出国家行政调控手段的意图和力度。城镇固定资产投资的建设项目会对劳动力产生大量需求，而投资项目建成之后形成的新的生产力和服务能力，也将后续提供大量就业岗位。因此，城镇固定资产投资额的提高对农民的非农就业机会创造与提供具有推动作用。

3.3 非农就业机会扩展因素的实证检验

3.3.1 指标选取与数据描述

农民就业集合扩展的实质是非农就业机会的提供与创造。工业化、城镇化快速推进下的经济发展带来了非农就业岗位的增加，为了更有效地研究农民就业集合扩展与变化的影响因素，本部分以前文的理论分析为基础，选取有代表性的因素和指标，收集2006—2016年31个省份的面板数据，以量化测定各因素对农民非农就业机会增加的作用和贡献。

（1）指标选取

被解释变量为非农就业机会。这是一个较为抽象的概念，本书选取农民工资性收入占农民纯收入比重这一指标来代表非农就业机会。根据国家统计局的界定，农民工资性收入为农民受雇于个人或者单位，依靠劳动获得的报酬或者收入，通俗来讲，就是务工的收入。农民纯收入的界定为，农民从各个来源渠道当年得到的总收入扣除为了获得相应收入所发生的费用后的总和，具体包括四个部分，即农民工资性纯收入、家庭经营纯收入、财产性收入和转移收入。因此，以国家统计局公布的农民工资性纯收入占农民纯收入比重来表示非农就业机会的多少，是量化非农就业机会的可行指标，该比值越大，说明农民取得的非农就业收入越多，从而表明农民的非农就业机会越多。

解释变量即对于农民就业集合有扩展作用的各个指标的选取。通过对非农就业机会扩展因素的理论分析，在选取相关指标时，需要确定最能表征各影响因素的指标，还需考虑选各指标之间的相关性和数据的可获得性，本书选取了能够表征产业发展水平和结构关系的第二产业增加值、第三产业增加值，以及城镇化程度、市场化指数、城镇固定资产投资。未选取代表经济发展水平的 GDP，是因为以上指标既与 GDP 高度相关，又能够表征经济发展水平。

（2）数据来源及变量的描述性统计

本书选取 2006—2016 年全国 31 个省份[①]的二产增加值、三产增加值、城镇化率、城镇固定资产投资指标以及农民工资性收入、农民纯收入等数据（见表 3-2）。

表 3-2　变量的统计性描述

Variable	Obs	Mean	Std.Dev.	Min	Max
非农就业系数	341	39.459	13.867	9.282	76.337
市场化率	339	1.759	0.480	−2.813	2.460
二产增加值	341	8.477	1.139	4.383	10.466
三产增加值	341	8.377	1.088	5.075	10.647
城镇固定资产投资	341	8.773	1.081	5.302	11.041
城镇化率	341	3.916	0.276	3.118	4.495

资料来源：所有相关数据来源于《中国统计年鉴》《中国农业统计年鉴》；市场化指标来源于樊纲等著的《中国市场化指数》所提供的数据。

3.3.2　模型构建及估计方法

在经济增长过程中，有些因素的影响会有滞后效应，如某个宏观政策在短期内或者当期不会产生明显效应，但会产生长期效应。因此，本书选

---

① 出于数据的可获得性和统计口径的一致性，各指标变量根据历年数据收集整理所得，选取了各年鉴指标统计口径一致和最为连续的 2006—2016 年的数据，包括北京、天津、河北、山西、内蒙古、辽宁、吉林、黑龙江、上海、江苏、浙江、安徽、福建、江西、山东、河南、湖北、湖南、广东、广西、海南、四川、重庆、贵州、云南、西藏、陕西、甘肃、青海、宁夏、新疆。

用能够很好地反映此类情况的动态面板模型。其通常做法为，在模型中加入因变量的滞后项作为影响因素，以反映其滞后影响效果。但是，加入滞后项会导致动态面板数据模型的自变量与随机干扰项相关，模型的各个截面也因此而产生相关性。在这种情况下，估计模型参数的传统最小二乘法失效，会产生有偏性与非一致性的后果，从而扭曲参数推断的实际经济含义。为此，Arellano 和 Bond 等提出广义矩法估计（GMM 估计）以解决此问题[1]。动态面板数据的 GMM 估计模型如下：

$$Y_{it} = \alpha_1 Y_{it-1} + \sum_{i=2}^{n} \alpha_i X_{it} + \mu_i + \zeta_{it} \qquad (3-1)$$

其中，Y_{it} 是因变量，X_{it} 是自变量，α_i 是各个自变量的参数，μ_i 是个体效应，ζ_{it} 是随机误差项。

但是，这种方法经常存在弱工具性的问题，从而导致系数估计结果精度较差，在实际回归中会出现 Sargan 检验显著拒绝的情形，Arellano 和 Bond 等又提出了改进的方法，即系统广义矩估计（SYSTEM GMM），其实质是对初始模型中的前定和内生变量，选择它们一阶差分的滞后项作为工具变量，这种方法能够在一定程度上改善检验工具变量合理性的 Sargan 统计值[2]。因此，采用系统 GMM 估计动态面板模型的好处在于：①估计过程中的差分将方程中不易观测的固定效应消除，将使估计结果更加一致。②系统 GMM 同时基于差分和水平方程估计，相较于其他估计方法，具有更高的有效性，即估计结果的误差更小。③通过使用滞后期的变量作为工具变量，有助于克服由于反向因果、遗漏变量带来的估计结

---

[1] 龙莹，张世银. 动态面板数据模型的理论和应用综述 [J]. 科技与管理, 2010 (2)：30-33.

[2] 潘荣翠. 西南五省市城镇化影响因素分析——基于动态面板数据 GMM 估计 [J]. 云南大学学报（社会科学版），2015 (2)：97-102.

果内生性问题。

系统 GMM 的做法是将式（3-1）进行差分，得到：

$$\Delta Y_{it} = \alpha_1 \Delta Y_{it-1} + \sum_{i=2}^{n} \alpha_i \Delta X_{it} + \Delta \zeta_{it} \quad (3-2)$$

然后，将变量滞后阶作为工具变量对差分方程（3-2）进行矩估计，而且使用差分变量的滞后项作为工具变量对水平方程（3-1）进行估计。GMM 估计的条件是与不用工具变量产生相应的矩条件，由式（3-2）可知 ΔY_{it-1} 与随机变量 $\Delta \zeta_{it}$ 存在相关性。对此，一般的处理为，采用滞后二阶的变量作为工具变量，以避免差分的扰动项与差分解释变量相关从而导致的工具变量内生性。本书采用的矩条件如下：

$$f_{it}(\alpha) = \sum_{i=1}^{n} f_i(\alpha) = \sum_{i=1}^{n} z_i \zeta_i(\alpha) \quad (3-3)$$

方程（3-3）中，z_i 为所选取的工具变量矩阵，由式（3-2）和式（3-3）可得残差项为：

$$\zeta_i(\alpha) = \Delta Y_{it} - \alpha_i \Delta Y_{it-1} - \sum_{i=1}^{n} \alpha_i \Delta X_{it} \quad (3-4)$$

为了得到参数 α_i，如果直接采用 OLS 估计，可能会产生有偏和不一致，广义矩法估计则可以解决此问题，其基本思路是使样本矩之间的加权距离和最小，其极小化的目标函数如下：

$$S(\alpha) = \left[\sum_{i=1}^{N} z_i \zeta_i(\alpha)\right]' H \left[\sum_{i=1}^{n} z_i \zeta_i(\alpha)\right] = f(\alpha)' H f(\alpha) \quad (3-5)$$

其中，H 为权重矩阵并且是一个正定矩阵，只要使式（3-5）极小化，即可估计出参数。GMM 估计的参数及方差如下：

$$\hat{\alpha} = [M'_{ZX} H M_{ZX}]^{-1} [M'_{ZX} H M_{ZX}] \quad (3-6)$$

$$Var(\hat{\alpha}) = [M'_{ZX} H M_{ZX}]^{-1} [M'_{ZX} H \Lambda M_{ZX}] [M'_{ZX} H M_{ZX}]^{-1} \quad (3-7)$$

$$M_{ZX} = N^{-1} \left(\sum_{i=1}^{N} Z'_i X'_i\right) : \Lambda = T^{-1} \left(\sum_{i=1}^{T} Z'_i \Delta \mu_i \Delta \mu'_i z_i\right) \quad (3-8)$$

动态面板数据能够很好地反映出经济因素变化的动态调整过程和效应，在经济发展中，某个因素上一期的结果往往会对下一期的结果造成一

3 农民就业选择集合的扩展：非农就业机会的增加

定影响，在农民非农就业的机会拓展中，考虑到这些外部宏观因素的影响和助推作用，可能会产生滞后影响。因此，本书选取的数据为2006—2016年，包括31个省份及地区，构成一个31×11期的平衡面板数据，构建起不同的动态效应面板数据模型：

模型一：

$$ratio_{it} = \alpha_0 + \alpha_1 ratio_{it-1} + \alpha_2 \ln market_{it} + \alpha_3 \ln industry_{it} + \alpha_4 \ln ter_{it} + \alpha_5 \ln urb_{it} + \alpha_6 \ln invest_{it} + \psi + \zeta_{it} \tag{3-9}$$

模型二：

$$ratio_{it} = 模型一 + \alpha_7 \ln market_{it-1} \tag{3-10}$$

模型三：

$$ratio_{it} = 模型二 + \alpha_8 \ln urb_{it-1} \tag{3-11}$$

模型四：

$$ratio_{it} = 模型三 + \alpha_9 \ln invest_{it-1} \tag{3-12}$$

模型五：

$$ratio_{it} = 模型四 + \alpha_{10} \ln industry_{it-1} + \alpha_{11} \ln ter_{it-1} \tag{3-13}$$

其中，模型一为基本的动态面板模型，以非农系数的滞后一期作为解释变量之一；模型二的解释变量引入滞后一期的非农系数、滞后一期的市场化指数；模型三的解释变量引入滞后一期的非农系数、滞后一期的市场化指数、滞后一期的城镇化率；模型四的解释变量引入滞后一期的非农系数、滞后一期的市场化指数、滞后一期的城镇化率、滞后一期的固定资产投资；模型五的解释变量引入滞后一期的非农系数、滞后一期的市场化指数、滞后一期的固定资产投资、滞后一期的城镇化率、滞后一期的第二产业增加值、滞后一期的第三产业增加值。

3.3.3 模型估计结果及分析

在对每种模型的估计中，采用系统 GMM 估计方法，采用 Arellano 和 Bond 提出的两阶段估计法，在对工具变量处理中，则进行了不同组合。表 3-3 中，IV1、IV2、IV3、IV4、IV5、IV6 分别表示系统 GMM 估计下 6 组不同的工具变量组合。

表 3-3 工具变量的不同组合

	差分变量	水平变量
IV1	GMM-type: $ratio_{t-s}s \geqslant 2$, $\ln market_{t-s}s \geqslant 1$, $\ln invest_{t-s}s \geqslant 1$, $\ln urb_{t-s}s \geqslant 1$; Standard: $\Delta \ln ter$, $\Delta \ln industry$	GMM-type: $\Delta ratio_{t-1}$, $\Delta \ln market_{t-1}$, $\Delta \ln invest_{t-1}$, $\Delta \ln urb_{t-1}$; Standard: $\ln ter$, $\ln industry$
IV2	GMM-type: $ratio_{t-s}s \geqslant 2$, $\ln inves_{t-s}s \geqslant 1$, $\ln urb_{t-s}s \geqslant 1$; Standard: $\Delta \ln ter$, $\Delta \ln market$, $\Delta \ln industry$	GMM-type: $\Delta ratio_{t-1}$, $\Delta \ln invest_{t-1}$, $\Delta \ln urb_{t-1}$; Standard: $\ln ter$, $\ln market$, $\ln industry$
IV3	GMM-type: $ratio_{t-s}s \geqslant 2$, $\ln market_{t-s}s \geqslant 1$, $\ln invest_{t-s}s \geqslant 1$; Standard: $\Delta \ln ter$, $\Delta \ln industry$, $\Delta \ln urb$	GMM-type: $\Delta ratio_{t-1}$, $\Delta \ln market_{t-1}$, $\Delta \ln invest_{t-1}$; Standard: $\ln ter$, $\ln industry$, $\ln urb$
IV4	GMM-type: $ratio_{t-s}s \geqslant 2$, $\ln invest_{t-s}s \geqslant 1$, $\ln urb_{t-s}s \geqslant 1$; Standard: $\Delta \ln ter$, $\Delta \ln market$, $\Delta \ln industry$	GMM-type: $\Delta ratio_{t-1}$, $\Delta \ln invest_{t-1}$, $\Delta \ln urb_{t-1}$; Standard: $\ln ter$, $\ln market$, $\ln industry$
IV5	GMM-type: $ratio_{t-s}s \geqslant 2$, $\ln market_{t-s}s \geqslant 1$; Standard: $\Delta \ln ter$, $\Delta \ln invest$, $\Delta \ln urb$, $\Delta \ln industry$	GMM-type: $\Delta ratio_{t-1}$, $\Delta \ln market_{t-1}$; Standard: $\ln ter$, $\ln invest$, $\ln urb$, $\ln industry$
IV6	GMM-type: $ratio_{t-s}s \geqslant 2$; Standard: $\Delta \ln market$, $\Delta \ln ter$, $\Delta \ln industry$, $\Delta \ln invest$, $\Delta \ln urb$	GMM-type: $\Delta ratio_{t-1}$; Standard: $\ln market$, $\ln ter$, $\ln industry$, $\ln invest$, $\ln urb$

动态面板数据两个重要检验为 Sargan 和 Arelano-Bond，其中 Sargan 是针对 GMM 工具变量过多可能产生的过度识别进行的检验，Arelano-Bond 用来检验误差项是否存在序列相关问题。对于不同模型的不同工具变量组合，两种检验结果如表 3-4 所示。

3 农民就业选择集合的扩展：非农就业机会的增加

表 3-4 工具变量外生性（Sargan Test）检验和
扰动项相关性（Arelano-Bond Test）检验结果

	模型一	模型二	模型三	模型四	模型五
IV1	25.998（104）	26.906（103）	23.395（102）	22.301（101）	22.905（99）
	1.000	1.000	1.000	1.000	1.000
IV2	26.377（104）	26.720（103）	27.768（102）	28.001（101）	27.136（109）
	1.000	1.000	1.000	1.000	1.000
IV3	25.894（78）	25.642（77）	26.397（76）	26.417（75）	26.262（73）
	1.000	1.000	1.000	1.000	1.000
IV4	25.691（87）	27.207（86）	26.852（85）	25.045（84）	28.238（82）
	1.000	1.000	1.000	1.000	1.000
IV5	26.63531（79）	27.448（78）	25.756（77）	26.445（76）	24.346（74）
	1.00	1.000	1.000	1.0000	1.000
IV6	26.972（53）	27.683（52）	26.930（51）	24.478（50）	22.349（55）
	0.998	0.997	0.998	0.991	0.989
m1	-3.891（0.0001）	-4.178（0.0000）	-3.738（0.0002）	-3.893（0.0001）	-4.096（0.000）
m2	2.055（0.040）	2.158（0.031）	1.540（0.127）	1.298（0.194）	1.794（0.073）

在表 3-4 中，IV1、IV2、IV3、IV4、IV5、IV6 每行对应的为 Sargan 的检验值和 P 值，括号内为自由度，Sargan 的检验标准为 P 值至少大于 0.05（或者大于 0.1），且对应自由度尽可能大；m1 和 m2 为每种模型的 Arelano-Bond 检验值，Arelano-Bond 的检验标准为：m1 括号内 P 值小于 0.05 的同时（或者至少小于 0.1），m2 括号内 P 值大于 0.05（或者至少大于 0.1）。

其中，模型四最符合面板模型 Arelano-Bond 的检验结果，其 m1 的 P 值小于 0.01 为 0.0001，m2 的 P 值大于 0.1 为 0.1944。从现实情况来看，市场化、固定资产投资、城镇化对非农就业机会的提供与创造具有滞后效应,故模型四的方程结果如表 3-5 所示。

表 3-5 模型四不同工具变量组合下的回归结果

v1 VARIABLES	IV1 ratio	IV2 ratio	IV3 ratio	IV4 ratio	IV5 ratio	IV6 ratio
$ratio_{t-1}$	0.728*** (0.0437)	0.669*** (0.0512)	0.624*** (0.0385)	0.735*** (0.0332)	0.557*** (0.0278)	0.561*** (0.0304)
lnmarket	-3.447*** (-1.046)	0.134 (1.047)	3.321*** (0.932)	0.1 (0.368)	-2.508*** (-0.599)	-1.430* (-0.732)
$lnmarket_{t-1}$	0.897 (1.251)	2.358** (1.125)	2.205** (1.046)	2.591*** (0.735)	2.396** (1.058)	4.154*** (0.78)
lnindustry	-0.584 (-0.985)	2.596** (1.011)	1.649* (0.849)	1.426*** (0.512)	2.200*** (0.627)	1.554*** (0.554)
lnter	2.734** (1.263)	1.013 (1.148)	4.838*** (0.979)	2.134** (0.957)	5.699*** (0.958)	5.714*** (0.982)
lninvest	0.15 (1.897)	1.055 (1.622)	1.853 (1.837)	1.692 (1.289)	2.371 (1.57)	1.067 (1.127)
$lninvest_{t-1}$	-1.623 (-1.076)	-2.175** (-1.054)	-2.884** (-1.344)	-1.580*** (-0.612)	-3.421*** (-1.263)	-4.701*** (-0.989)
lnurb	-6.389 (-4.346)	-4.348* (-2.421)	-3.206 (-4.859)	-1.949 (-3.232)	-1.814 (-5.382)	-6.629 (-4.394)
$lnurb_{t-1}$	13.09*** (4.922)	15.60*** (4.62)	13.03*** (4.872)	12.46*** (4.608)	13.86** (6.564)	17.50*** (5.665)
Constant	-10.3 (-8.075)	-29.03*** (-9.167)	-27.01*** (-11.76)	-27.42*** (-6.01)	-36.80*** (-9.354)	-31.10*** (-7.996)

注:表格内每一行为变量的系数,括号内为对应的 t 值;***、**、* 分别表示在 1%、5%、10% 的水平下显著。

在面板数据模型中,需要对评价方法和指标解释能力的稳健性检验(ROBUST检验),也就是当某些参数改变时,评价方法和指标是否对评价结果保持一个比较一致、稳定的解释。本书从解释变量出发,对模型四的检验结果进行稳健性检验,具体做法是用"第二产业从业人员数"这一变量来代替第二产业增加值,即"emp"对"industry"指标的替代,结果如表3-6所示,在回归计算之后发现符号和显著性未发生明显改变。

表3-6 模型四的稳健性检验结果

VARIABLES	IV1 ratio	IV2 ratio	IV3 ratio	IV4 ratio	IV5 ratio	IV6 ratio
$ratio_{t-1}$	0.710*** (0.0237)	0.693*** (0.0267)	0.649*** −0.0223	0.742*** −0.0249	0.603*** −0.0255	0.602*** −0.0257
$\ln market$	−2.898*** −0.638	1.451* −0.781	3.509*** −0.818	1.017 −0.749	−2.341*** −0.523	0.428 −0.541
$\ln market_{t-1}$	0.286 −1.087	1.068*** −0.988	1.103*** −1.331	1.019*** −1.035	1.694** −0.785	2.271*** −0.675
$\ln invest$	0.115 −1.928	0.732 −1.724	0.668 −2.11	0.0809 −1.904	0.507 −1.053	1.753 −1.247
$\ln invest_{t-1}$	−3.105*** −1.133	−3.058*** −1.1	−3.566*** −1.329	−2.371** −1.039	−5.053*** −0.815	−6.601*** −1.076
$\ln urb$	−6.023* −3.133	−3.552 −3.994	−9.341*** −3.52	−5.474 −3.622	−5.56 −6.182	−7.706 −5.315
$\ln urb_{t-1}$	16.68*** −4.642	12.43** −5.283	22.26*** −5.354	12.09*** −4.665	15.59** −6.728	17.73*** −6.793
$\ln ter$	4.151*** −0.983	4.538*** −1.187	5.418*** −1.015	3.349*** −1.006	6.312*** −0.95	6.018*** −0.949

续表

VARIABLES	IV1	IV2	IV3	IV4	IV5	IV6
	ratio	ratio	ratio	ratio	ratio	ratio
lnemp	−0.0831	0.402	0.487	0.396	0.215	0.0727
	−0.553	0.606	0.704	0.708	0.495	0.603
Constant	−11.04***	−28.15***	−30.53***	−25.7	−38.72***	−29.71**
	−11.95	−10.23	−14.38	−10.56	−10.9	−11.76

注：括号内为对应的t值；***、**、* 分别表示在1%、5%、10%的水平下显著。

3.4 主要结论

模型估计结果显示，滞后一期的非农就业系数（$ratio_{it-1}$），当期的市场化指数（lnmarket），滞后一期的市场化指数（$lnmarket_{it-1}$），滞后一期的城镇固定资产额（$lninvest_{it}$），滞后一期的城镇化率（$lnurb_{it-1}$）、二产增加值（$lnindustry_i$）、三产增加值（$lnter_{it}$）与农民非农就业系数（$ratio_{it}$）之间的关系通过了显著性检验，说明相关指标对增加农民非农就业机会的统计学意义显著，其中市场化指数、城镇化率、固定资产投资的滞后效应明显，但是相关系数有正有负。

非农就业机会的滞后一期与被解释变量非农就业机会显著正相关，表明农民前一期的非农就业情况影响着后一期的非农就业水平，且相关系数为0.735。在现实中，农民的非农就业的确存在一定的路径依赖，如在一定时期内比较固定或者相对比较固定地从事某个行业或者岗位的非农活动，而且对周边亲友的示范带动效应也很明显。

市场化指数的当期与非农就业机会有正相关关系，但是统计学意义不够显著，说明市场化改革在一定程度上能够促进非农就业机会的增加，但结果中的系数较小为0.1，经济显著性不够明显。造成这种结果的可能原因在于，目前我国的市场会改革不够彻底，处于市场经济的转型之中，劳动力、资金、制度、信息等方面存在城乡分割、行政手续烦琐和劳动力市场不完善等问题，劳动力一旦进入非农就业市场或者城市，很难在短期内通过市场的自由流动来获得工作，农村劳动力非农就业的主要渠道依然来自亲友、熟人等的介绍，仅有一小部分劳动者是在市场化机制下通过自身能力找到工作机会。市场化指数的滞后一期，对于非农就业机会的促进呈显著的正相关关系，表明滞后一期的市场化指数每增加1%，非农就业机会则增加2.591%。这表明市场化改革长期来看能够带来极大的经济发展与就业机会的增加，但是其对非农就业的促进作用存在一定的滞后效应。因此，继续坚持市场化改革有利于非农就业机会的增加和农业劳动力的转移。

第二产业与农民非农就业机会呈显著的正相关关系，相关系数为1.426，表明第二产业的发展为农民非农就业提供了更多岗位。同时，通过与第三产业的相关系数2.134对比发现，第二产业对于非农就业机会的提供在弹性程度上小于第三产业。

第三产业与农民非农就业之间关系显著，系数为2.134。这表明第三产业增加值每增加1个单位，对农民非农就业有2.134%的拓展作用，也说明目前第三产业对农民提供非农就业机会的贡献作用较大。

城镇固定资产投资的当期与非农就业机会呈正相关关系，系数为1.692，但是不够显著，P值略大于0.1，说明城镇固定资产投资在当期能够在一定程度上促进非农就业机会的增加。城镇固定资产投资的滞后一期与非农就业机会呈显著的负相关关系，这一结果与预期相反。但是通过对于城镇固定资产投资的比例进行分析，以2016年为例，发现工业投资在总投资中的占比为31.5%，高新技术及六大高耗能行业投资占比为17.4%，房地产投资占比为17.2%。城镇固定资产投资以工业产业升级改造或者高新技术升级为主，房地产投资比重也居于前列。这些投资在初期或者项目的建设当期的确有助于提供相关就业岗位，但是投资之后的技术升级却成为农民非农就业的技术壁垒，最直接的效应如对于文化程度与技能水平较低的农民，实际上是减少了就业机会。房地产在投资建成之后的暴利导致的高房价高房租，提高了农民在城市生活的成本。因而滞后一期的固定资产投资与农民非农就业机会的提供并未出现预期的正相关关系，这一点值得深思。

城镇化率在当期与农民非农就业机会呈显著的负相关关系，系数为1.949，这一点与城镇化促进农民就业机会增加的预期也相反。分析其原因，城镇化只是人口市民化的过程，为农业劳动力提供的是转移空间，而与城市化紧密相关的工业化、信息化等深度融合发展，才能为农民就业提供更多就业岗位。另外，农民在离开农村涌向城市的过程中，需要通过各种就业信息渠道对就业机会进行搜寻，搜寻需要一定的时间成本，因而短期内会出现难以就业的情况。值得注意的是，城镇化率的滞后一期与农民非农就业机会呈显著的正相关关系，且系数很大，即影响弹性达到了12.46，说明城镇化程度对农民转型有着显著影响，也就是说，城镇化程度每增加1%，就会使农民非农就业机会增加12.46%。这说明城镇化是农民就业集合扩展不可忽略的重要因素之一，也越发证明，继续大力推进新型城镇化是国家"四化"建设同步协调发展、推动农民现代化的正确选择。

工业文明的精神体现在人可以拥有更多自由选择的机会①。选择集视角

---

① [印度]阿玛蒂亚·森.以自由看待发展[M].任赜,于真,译.北京：中国人民大学出版社,2002：2-25.

下，现代农民的职业可在多种就业集合中进行选择，就业集合的扩展则意味着对农民提供与创造更多非农就业机会，使大量农民转移到非农产业，促进土地的集中化、规模化耕作。同时，农民通过非农转移和就业获得更高的技能和收入，经济地位、社会地位从而改变。因此，农业劳动力的非农转移是现代农民生成的基本前提，这一点不容置疑。本章研究表明，处于发展中国家的中国，市场化、城镇化、城镇固定资产投资及第二产业、第三产业的发展水平在不同程度上带来了非农就业机会的增加，但是其时滞效应各有不同，贡献度也各不相同。农民就业集合的扩展，需要市场化、城镇化的继续推进，还需要从城乡壁垒的消除、第三产业提升、固定资产的合理配置等方面加强，这些举措既有助于现代农民的生成，又是推动中国工业化、现代化发展的题中应有之义。

4 农民就业选择能力的提高：劳动力择优转移下农村人口的代际优化

工业化创造出大量非农就业机会，扩展了农民就业集合的同时，引致农村优质劳动力率先进行非农转移。这种择优转移是作为理性经济人的农民，在面对工业部门高于农业部门工资率的激励下，短期内通过空间流动来获得最佳就业价格。同时，导致农民在长期的经济行为中，通过调整、加大子女人力资本投入来改变和逆转其家庭人口生产的量质偏好结构，追逐更高的人力资本积累率，以获得更为稳定的非农就业机会和更高的收入。这种长期调整行为，使得农村人口生育率下降、农业劳动力质量动态提升、农村人口的素质一代优于一代。由此产生的代际传递效用，最终提高了农民的就业选择能力，也推动了农业生产要素的升级。因此，工业化引致的择优转移和人口代际优化成为农民就业选择能力提高的内在路径。

4.1 农村劳动力择优转移现状及成因

4.1.1 劳动力择优转移现状

城乡劳动力市场开放以来，大批农民涌向城市从事非农行业，成为第二、第三产业的主力军，同时也获得了来自非农部门的可观收入。1985—2016年，我国农村劳动力转移大致经历了三个时期：①农村劳动力非农转移初期阶段（1985—1995年），在城乡市场开始实施改革的各种激励下，大量农村剩余劳动力涌向城市。②劳动力非农转移中期阶段（1996—2005

年),这一时期由受城乡二元体制的约束,农村劳动力市场发展不规范,参与非农就业的农村劳动力数量增长有所放缓,但区域流动广泛。③劳动力非农转移的深入推进时期(2006年至今),国家经济结构转型在这一时期加速转型,就业岗位增多,农村劳动力市场得到较大发展,农村养老保险、医疗保险等福利机制在不断地完善,政府对农村居民的非农就业也给予诸多政策支持(见图4-1)。农村劳动力得以大量转移,非农转移比例呈快速上升趋势,国家统计局最新数据显示,2017年农村劳动力非农转移比例为42.35%,达到历史新高。同时,统计数据表明,农村劳动力择优转移特征明显,即转移群体以青壮年男性劳动力、受教育程度较高的优质劳动力为主,具体表现为,外出劳动力的平均年龄为23～35岁,比非外出劳动力平均年龄小4～7岁。而且,转移劳动力中,男性高于女性,男性外出劳动力占全部外出劳动力的比例达到68.3%,女性只占31.7%,高出女性外出劳动力36.6个百分点。另外,统计数字表明,率先转移的是拥有高人力资本积累率的劳动力,2016年,农村外出务工劳动力的平均受教育年限高于农村未转移劳动力2.35年。总之,在农业劳动力中,优质劳动力率先转移特征明显,导致大量老人、儿童和妇女留守农村,成为耕田主力。

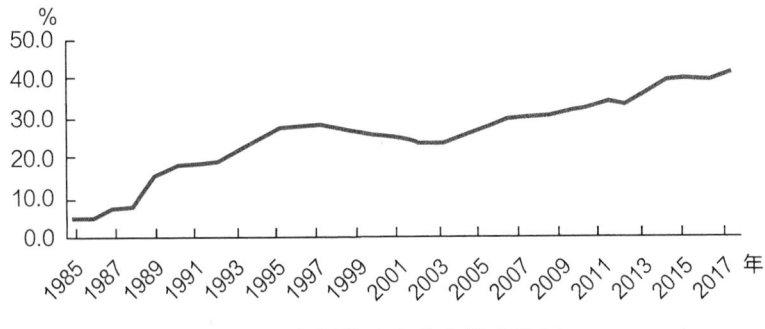

图4-1 农村劳动力非农转移比例

资料来源:历年《中国统计年鉴》。

4.1.2 择优转移的成因分析

在工业化背景下，可对农民作如下假设：

（1）存在农与非农两类就业市场，劳动力可在两个市场之间自由流动；

（2）劳动力非农转移会引起农村人地比例关系的变化，农村市场上可以进行土地流转农村；

（3）农户家庭有多个劳动力，不同劳动力具有不同的人力资本，设农户有 A、B、C 三个劳动力，其人力资本水平高低可以表示为 C＞B＞A；

（4）农业仍属于传统部门，其技术呈非技能偏态性质（是指某种技术的运用及推广对使用者的技能几乎没有要求，劳动者运用原有技术就可以进行操作，那么该技术为非技能偏态型技术），因此，每个劳动力的劳动生产率相同，且边际生产率是不变的；

（5）非农部门内，不同产业或不同就业岗位具有不同的就业门槛、技术效率、工资水平，工资水平是人力资本的正函数；

（6）农户家庭以家庭收入最大化为劳动力配置目标，故农户家庭内的个体劳动力拥有统一的效用函数及家庭效用函数。

在农与非农两部门就业市场上，农村家庭的劳动力就业选择模型如图 4-2 所示，纵轴表示家庭实际收入，横轴表示家庭劳动时间。农业生产函数是以直线 $O-TPP$ 表示，直线的斜率是不变的，因为劳动的边际生产率不变。$O-W$ 线表示非农工资函数，劳动力的能力不同，因此表示劳动力价格的劳动力工资率有不同，其对应的 A、B、C 三个劳动力，具有不同的人力资本水平，其以 $O-W$ 表示的工资水平各不相同。在家庭追逐其最大化收入时，以农业劳动的边际生产率与非农就业工资率的对比来进行权衡，即两者取其高，农业劳动边际生产率大于非农就业工资率，家庭选择在农业部门就业。如果相反，家庭劳动资源则配置于非农部门。如图 4-2

所示，在两部门就业对比下，假设非农工资函数为 W—W' 时，家庭收入最大化的均衡点为 E，此时只有 C 离农就业。当非农工资函数变动为 M—M' 时，即非农工资率提高，B 和 C 均选择去非农部门就业。图 4-2 很显见地对比出作为理性经济人的农民在农与非农部门作出的利益选择，即通过两部门的收益对比，决定是否离农就业，进而决定最优的家庭收入。

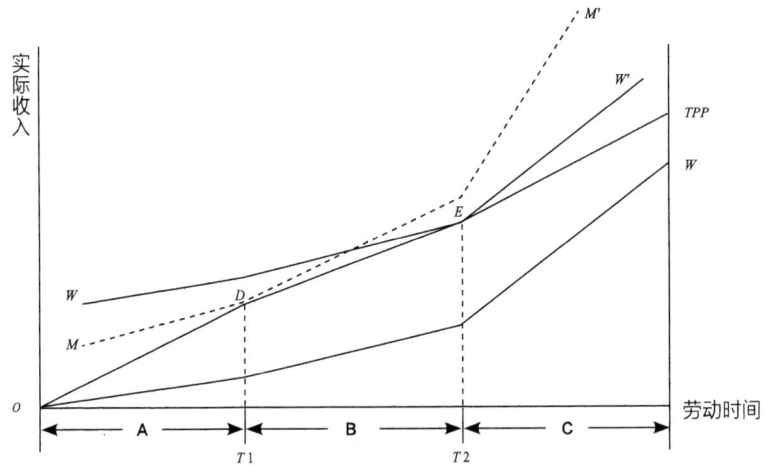

图 4-2　农村劳动力就业选择模型

择优转移的特点是在同一时点上具有较高人力资本水平的劳动力率先转移。故当非农工资率提高，即非农工资函数的变动高于农业劳动的边际生产率时，农业劳动力的转移因此发生，其实质是农业劳动力在农与非农两部门寻求最佳劳动力价格的套利行为。而劳动力的择优转移，则是具有较高人力资本水平的劳动力在面对扩展的就业集合时，为了实现家庭收入的最大化，经过两部门收益的对比，寻求与其人力资本水平最匹配的工资收益函数的结果。

4.2 农村人力资本积累现状与人口的量质转型

4.2.1 农村人力资本积累现状

人力资本也称为非物质资本，是指劳动者在教育、培训、保健、就业等方面进行投资后，最终获得的技能和知识的积累，而且这种积累能够给其所有者带来工资等收益。大多数研究对人力资本的衡量主要以容易量化的受教育程度来进行，因此，本书采用农村居民高中及以上文化程度比例作为衡量农村人口人力资本积累的指标，也是对农村人口"质"的重要体现。另外，与人口的"质"相对的是对人口的"量"的描述，与经典人口理论的研究一致，本书采用生育率指标来描述。

2000年以来，在我国逐年增长的经费投入下，教育事业快速发展。国家统计局数据显示，我国教育经费2014年为32806.46亿元，2016年达到36129.19亿元，增长10.13%。普通高等学校的数量2014年为2529所，2016年为2560所。1985—2016年，农村初中的教育经费从1104亿元增加到2288亿元，小学教育经费投入的增幅更大，从1883亿元增加到3798亿元。在教育投入的大量增加下，我国农村居民受教育程度也在不断提高，1985—2003年，农村实施九年制义务教育，农村居民高中及以上文化程度比例呈直线上升，由7.4%增加到12.4%；从2005年开始，国家对农村义务教育阶段学生学杂费予以免除，对贫困生的教科书免费并补助其寄宿生活费。2006—2010年，我国农村居民高中及以上文化程度比例已增加到17.3%。一方面是政府对农村教育的大力支持；另一方面由于劳动力的择优转移带来的农村居民收入提高，加大了人力资本投资，所以1985年以来，农村居民平均受教育年限逐年增加，高中及以上文化程度在农村居民中的比例得到极大提升。

需要注意的是，图4-3显示出农村居民高中及以上受教育比例在2011年以后有一段时间呈现下降趋势，对此可能的解释为，在近年来城镇化的加速推进下，2011年城镇化率首次超过了50%，达到51.27%。大量农村转移人口通过非农转移和城镇化实现了市民化，由于优质劳动力选择率先转移，农村居民受教育程度较高的人数占比在短期内有所减少，但是最终趋势仍为农村居民受教育水平的逐步提高，如图4-3所示，在2015年之后农村居民受教育程度继续呈现继续走高趋势。

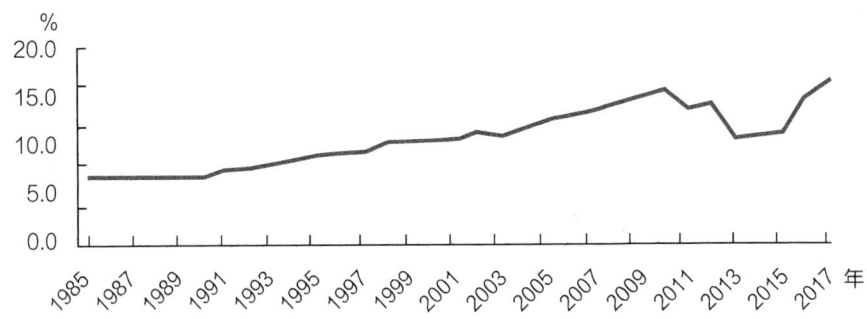

图4-3 农村居民高中及以上文化程度比例

资料来源：历年《中国统计年鉴》。

4.2.2 农村人口量质转型

（1）农村人口量质转型现状

工业化带来经济飞速发展的同时，也引致了人口生产的量质转型，即人口生产由传统的数量偏好（高生育率）向质量偏好（高人力资本积累率）转变。这一规律首先被发达国家的经验事实所验证，其表现是劳动力受教育程度提高、生育率显著下降。1820年，美国、英国、德国、荷兰、法国的人口出生率分别为5.52%、3.03%、3.99%、3.50%和3.17%，到 1900 年分别降至 3.23%、2.87%、3.56%、3.16% 和 2.13%[①]。20 世纪中叶之后，五个发达国家的妇女总和生育率仅为 2.1% 以下。正如卢卡斯所言，"工业革命不可避免地与被称为人口变迁的生育率降低联系在一起"。生育率下降的结果之一是劳动力包括农业劳动力人力资本的提升，根据美国农业部的研究报告，早在 1985 年，美国农场主受教育年限的中位数就已达到 12.6 年，受教育年限在 12 年以上的人数达到了 75.5%，完成 8～12 年教育的占 10.9%，8 年以下的比例为 13.3%。农业劳动力的受教育水平更高，上述三类人的比例分别为 77.1%、9.6% 和 13.4%。

在我国工业化进程中，农村人口生产也出现了由数量偏好向质量偏好的转变，即人口生产由高生育率、低人力资本积累率转向低生育率、高人力资本积累。图 4-4 呈现了我国 1985 年以来的农村妇女一般生育率[②]（F）和农村居民高中及以上文化程度比例（ED）的变化特征。如 1985 年农村居民高中及以上文化程度的比例为 7.4%，生育率为 73.32‰；而 2016 年农村居民高中及以上文化程度的比例为 16.6%，生育率为 40.8‰。如图 4-4 中所示，农村妇女一般生育率（F）呈现下降趋势，表示人力资本积累率的农村居民高中及以上文化程度比例（ED）有缓慢上升趋势。

[①] 资料来源：[英]安格斯·麦迪森.世界经济二百年回顾[M].李德伟，盖建玲，译.北京：改革出版社，1997：7.

[②] 农村妇女一般生育率（F）可以反映农村家庭人口生产数量偏好的变化，其准确数据难以获得，故选择全国妇女平均生育率作为农村妇女一般生育率的替代指标。下文对其原因作出了解释，我国生育率下降的内生动力来自工业化推动，也有中国实施计划生育政策的外部推动力。具体而言，计划生育政策具有城乡差别和民族差别，即城市家庭在 20 世纪 80 年代初至 2016 年 1 月的很长时间内严格一孩，农村家庭可以生两孩，少数民族家庭（大多少数民族家庭为农村人口）可以生两孩或者三孩。因此，可以认为城市中国育龄妇女生育率的变化几乎为一个常数，而全国育龄妇女生育率的变化趋势主要决定于农村育龄妇女生育率的变动。

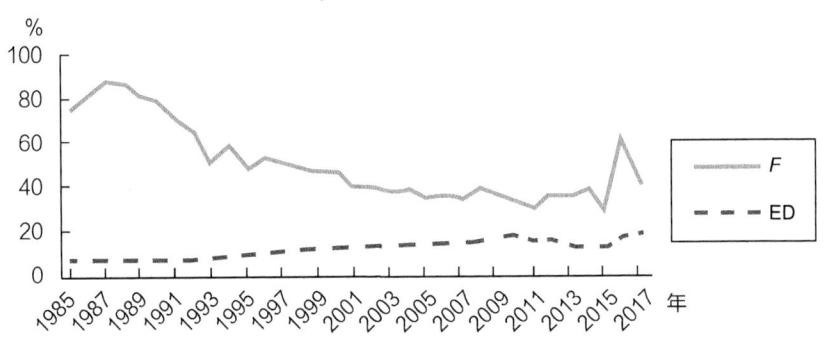

图 4-4 农村人口生育率与文化程度趋势

资料来源:历年《中国统计年鉴》《中国农村统计年鉴》。

(2)我国农村人口量质转型的原因分析

第一,工业化是农村人口量质转型的内部驱动力。

在工业化进程中,非农产业产生的不同工种与岗位,其技术类别、劳动生产率和工资率各不相同。在市场竞争机制下,非农产业组织为了适应市场竞争机制,在资源结构、经营方式和技术手段上不断进行动态调整以不断成长,劳动力优胜劣汰的就业规则也由此产生。劳动者发现其可以自由选择职业的能力和职业稳定性、收益性皆与其人力资本的高低正相关。受教育程度较低的农村转移劳动力,就业选择空间有限,只能就业于低技术、低工资和临时性岗位,若追求较高工资率且工作较为稳定的岗位或职业,则需要自身具有较高人力资本积累。因此,只有加大自身的人力资本投资,才可以可获得较高层次非农就业部门的劳动技能和职业素质。

舒尔茨指出,全世界的农民都在与成本、利润和风险打交道,是时刻都在算计个人收益的理性经济人,这一观点被普遍认可。因此,农民在面对扩展的就业选择集合时,对就业机会的把握会作出理性调整。而通过农与非农的转移就业,是农民面对非农部门较高工资收益时,以空间流动方式寻求最优劳动价格的短期行为。长期内,在面对城市就业规则下,农民会增加家庭成员尤其是子女的人力资本投资,这种投资势必改变其家庭人口生产的量质偏好结构。贝克尔的新家庭经济学[1],卢卡斯[2]和Galor[3]等的内生增长理论认为,家庭人口生产中的数量与质量方面可互相替代,对此的原因解释为,人口生产存在直接成本和机会成本,如收入增加、时间价值的提高等,这些方面会导致对人口数量进行投资的贴现率远远大于对人口质量进行投资的贴现率。因此,当家庭收入增加时,父母会在孩子的数量与质量之间重新作出选择,会选择少生一些孩子,多对孩子进行人力资本投资以提高其个体质量。显然,工业化的劳动市场规则促使农民对非农就业市场进行适应性调整的结果是提高了自身及子女的人力资本水平。

这种调整,在我国的具体表现为,在市场改革初期,进城务工使就业机会骤增,农村剩余劳动力得到解放,务工使养育子女的时间减少,收入增加,使一部分人放弃了继续生育。进而农民发现较低人力资本会在劳动力就业市场上没有优势且难以获得较高收入,因此加大了对自己和子女的教育投入,在家庭的预算约束和时间约束下,产生了数量和质量的替代,即农民降低了人口生产而提高了人口质量。随着经济的进一步发展,农村转移劳动力享受到了择优转移带来更多好处和更高收入,选择对人力资本

---

[1] [美]加里·斯坦利·贝克尔.家庭论[M].北京:商务印书馆,2005:184.

[2] Lucas Robert E. Jr. On the Mechanics of Economic Development [J]. *Journal of Economics*, 1988 (22): 3-42.

[3] Oded Galor, David N. Weil, Population, Technology and Growth: From the Malthusian Regime to the Demographic Transition [J]. *American Economic Review*, 2000, 90 (9): 806-828.

投资的家庭越来越多,他们开始停止对下一代数量的生产,更加关注下一代的人力资本存量,农村人口生产的态度和行为从数量偏好转向质量偏好。

与此同时,滞留在农业部门的劳动力也在发生适应性调整与变化,农业的不断发展,带来农业生产方式和农业生产投入要素的转变。传统农业要素中的劳动、土地和资本均具有边际报酬递减性质,难以成为农业增长的持久动力。在工业化对于农业的推动下,先进的农业生产技术的运用与推广,规模化的生产,需要具备一定人力资本水平的农业劳动力与之匹配。如机械技术水平较高的美国、加拿大等农业发达国家,劳动者的受教育程度明显较高。总之,工业化引致的农业生产方式升级,对农民生产经营能力产生新的要求,农民对此作出的适应性调整,促进了农业就业劳动力质量的提高。

第二,计划生育政策是农村人口量质转型的外部推动力。

在工业化、城市化进程中,中国农村人口正在经历与现行工业化国家相同的由数量偏好转向质量偏好的轨迹。但与发达国家有所不同的是,在这个过程中,我国也推行了计划生育政策。这个过程由20世纪80年代初我国强制严厉执行"一孩政策",持续到2016年1月1日起实施"两孩政策"有所改变。在生育率表现上,20世纪80年代初期的计划生育政策,公众曾有过较强的抵制情绪,受深厚的传统思想的影响,很多家庭冒着政策风险追生男孩,所以妇女一般生育率曾出现过小幅反弹,从1985年的73.32‰上升到1988年的88.82‰,呈增长趋势。计划生育政策城乡之间、民族之间存在差别,如农村地区如果第一胎是女孩允许生第二胎,少数民族对于二胎、三胎就比较宽松,所以计划生育政策对城市的生育管制最大。之后的15年我国农村人口生育水平呈缓慢下降趋势,2000年之后逐渐趋于稳定。值得注意的是，2016年全国妇女一般生育率从30.93‰猛升到59.6‰，这与我国2016年1月1日开始全面实施"二孩政策"息息相关。比起一直以来城乡有别的计划生育政策，"生育两孩"政策更多影响的是城镇居民的生育决策。但是，2017年生育率又开始下降到40.1‰，说明城镇居民生育两孩的预期出现了理性回归，因此可以确定的是，农村妇女一般生育率呈下降趋势依然是相对平稳的。原因在于：其一，多年执行的计划生育城乡差别政策，放开"二孩政策"对农村影响不大；其二，近几年各种机构通过各种调研和访谈，结果表明，即使放开"二孩政策"，在生活成本和社会进步等的推动下，大多城乡居民都表示不愿意再生二胎，因此出现了2017年生育率数据比2016年明显下降的趋势。

通过对于计划生育政策对量质转型作用的观察，在政策实施初期对人口数量的下降起到了推动作用，但是对人口长期的推动作用却有待进一步确定。各种生育数据及调研表明，我国人口生产已由外部政策推动改变为一种自觉自醒行为，是工业化、城市化推动下农民的理性调整。这也正是本章拟进行实证检验的一点，而作为外生力量来影响人口量质转型的生育政策，也将不予在实证研究中体现。

4.3 农村人口代际优化

4.3.1 农村人口的代际划分及特点

工业化、城镇化进程中农村人口的代际转换是历史必然，本书借用陈辉、熊春文[1]以中国经济发展的时代变迁作为代际划分标准，以农村转移劳动力为代际划分主体，将与经济发展同步的农村劳动力进行代际划分，

---

[1] 陈辉，熊春文.关于农民工代际划分问题的讨论——基于曼海姆的代的社会学理论[J].中国农业大学学报（社会科学版），2011（4）：51-62.

以探讨农村人口主要的代际特点。

对于农村转移劳动力的代际具体划分为,1980—1988 年因家庭联产承包制改革的推动,产生第一代农村转移劳动力;1989—2000 年由于市场化和城市化的深入,产生第二代农村转移劳动力群体;2001 年后为第三代农村转移劳动力群体。从社会经历和成长背景来看,第一代农村转移劳动力的出生与成长都在农村,最后又回归农村。第二代出生于农村,大多数的早期成长在农村,成年后进城务工,有明显的留城意愿。第三代转移劳动力,大多数是第一代、第二代的子女,通常由"留守一代"和"流动一代"两大类群体构成。"留守一代"是指出生在农村,由于父母外出务工,在农村留守长大的这一类群体。"流动一代"则是出生与成长基本上都在城市,跟随外出务工的父母迁徙和一起生活的流动儿童。三代农村劳动力在不同的时代背景下进行转移,成长背景不同,其职业选择机会、受教育程度、经济收入等方面具有明显的代际差别,在很大程度上也映射出农村人口的代际差异,总体来看各自特点如下。

(1) 职业选择机会更多

改革开放以来,中国的经济发展逐渐加快,城镇就业机会不断增加,城乡劳动力市场的流动性日益增强,农民就业集合不断扩展。较之第一代劳动力,第二代、第三代农村劳动力面对更多的职业选择,就业范围遍及三个产业,主要以第二、第三产业为主。其中,第一代农村劳动力受教育程度较低,在改革开放初期,面对不够完善的劳动力市场,虽然走出了非农转移的第一步,但职业选择较为有限。第二代农村劳动力面对中国工业化推进带来的更多就业机会和就业岗位,拥有了较多可选择的职业。但由于第二代农村劳动力的受教育程度依然不高,较少有人能够达到技术密集型产业的技术要求和能力水平。因此,大多数第二代劳动力选择在劳动密集型的第二、第三产业就业，如建筑业、制造业、纺织业、餐饮酒店服务业等。此类产业的进入壁垒较低，但个体之间的竞争压力大，可替代性强，职业易受到各种波动的影响，缺乏稳定性和长期性。随着我国第三产业的不断发展的产值在 GDP 中的比重逐渐超过 50%，第三产业的就业机会更多，且对劳动力的需求较为多样化，吸引了不同受教育程度和学历层次的劳动力就业，成为目前第二代劳动力就业人数最多的一个产业，也将成为第三代劳动力的主要就业产业。另外，第三代农村劳动力的受教育程度较之第二代、第三代有所提高，其就业于国有企业、集体单位、股份公司、个体工商户及其他性质企业的比例有所提高。第三代劳动力的就业范围增大，就业岗位也开始涉及金融、教育、文化、体育和娱乐业等需有较高人力资本和技术的行业，且占比在逐年增加。三代劳动力就业范围和空间分布的不同，显现出农村劳动力具有了一定的上行通道和机会。但需要注意的是，第一代劳动力农村生活的经验丰富，有较多务农技术和经验积累，回乡后成为目前阶段的农业劳动主力。第二代、第三代劳动力中青少年阶段主要精力用于读书学习，之后又进城务工，参与农业生产较少，基本无农业生产的经验和技能。

（2）受教育程度提高

三代农村人口的受教育程度和教育观念在不断提高。首先，农村劳动力教育条件在不断改善，受教育程度呈现代际提升的趋势。第一代农村劳动力中，小学文化程度居多，只有少数人是初中文化程度。第二代农村劳动力中，初中文化程度所占比例大大提高，远高于第一代，少数具有高中文化程度。第三代农村劳动力是目前农业劳动力中受教育机会最多、教育条件最好的一代。在国家和农民家庭日益重视教育投入的大背景下，九年义务教育普遍实施，政府及其他部门对农民的职业培训广泛开展，农民对子女的人力资本投入大量增加，第三代农村劳动力受教育程度显著提高。加之中国市场经济转型带来的巨大活力，第三代劳动力的自我发展愿望更为强烈，职业诉求更多，从而更加注重自我技能和知识水平的提高，其整体素质明显高于前两代农村劳动力。其次，三代劳动力的教育观念逐步提高，教育投入不断增加。受教育程度较低的农村劳动力大多从事缺乏技术含量的岗位，收入水平较低，第一代农村转移劳动力更多属于这类群体。低人力资本带来的低技能和就业能力，限制了农村劳动力生活水平和社会地位的提升。而农村劳动力城市务工经历使其认识到较高的受教育程度将带来较大的竞争优势，拥有更多自由选择的机会，影响个人的社会地位和未来发展，甚至对其子女的社会阶层及地位也会发生正向影响。国内学者认为流动人口自身能力因素包括人力资本，对于流动人口而言，"受教育水平是衡量其人力资本的主要指标"。农民人力资本水平的积累，大多需要在其早年时期就开始培养，因此，第一代农村劳动力尽可能地让子女接受较高的教育，对子女教育作出较大投入；第二代农村劳动力的教育需求更大，竭力为下一代提供较好的教育条件，尽最大可能为子女选择较优的就读学校。作为第二代农村劳动力子女的第三代，接受了优于自己父母的教育之后，教育观念更为强烈，已婚成员对于子女的教育倾向与教育投入更大，且行动力更强。

总体而言，在时代变迁和经济发展以及城镇化的推动下，三代农村劳动力的就业机会、受教育程度及收入水平等发生了很大变化，农村居民的生活方式、思想观念、精神诉求、自我认同等方面随之也有极大转变。这一系列变化带来的主要结果之一，则是三代农村人口在就业选择集合的变化扩展下，受教育程度和人口质量得到逐步提升。

4.3.2 农村人口的代际优化

通过对三代农业转移劳动力代际特点的对比可知,农村人口的质量在逐步提升。在图 4-5 中,EX 表示农村居民的文化教育投入在总收入中的比例,ED 表示农村居民高中及以上受教育程度的人数比例。如图 4-5 所示,随着农民收入增长和教育观念的提高,两条曲线整体呈上升趋势。以 1985 年为例,当时处于第一代农村转移劳动力产生阶段,农村居民的文教支出是 3.9%,受教育文化程度比例为 7.4%,两者比例均较低。1989—1990 年为第二代农村转移劳动力产生阶段,其文教支出比例分别为 5.7% 和 5.4%,显然农村居民受教育程度已经有所上升,尤其 1990 年为 7.6%。2001 年以后为第三代农村转移劳动力的产生阶段,其文教支出比例为 11.1%,受教育程度为 12.1%。直到 2016 年,农村居民文教支出比例为 11.2%,受教育程度比例为 16.6%。2017 年农村居民文教支出比例为 12.9%,受教育程度比例为 18.01%。可以看出,农村居民文教支出比例的增加与农村劳动力的受教育水平提高发展趋势相同且基本同步,三代劳动力的文化程度与综合素质一代高于一代。

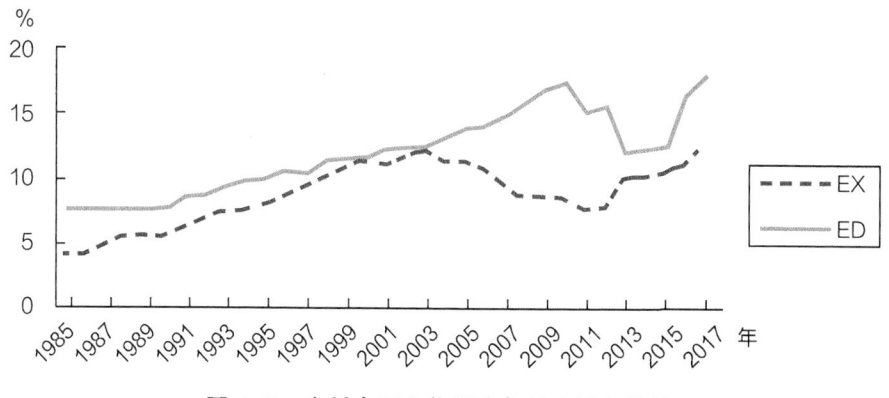

图 4-5　农村人口文化程度与教育投入趋势

资料来源:历年《中国统计年鉴》《中国农村统计年鉴》。

非农转移可以带来高于农业就业的收益，当农民意识到农与非农就业之间存在人力资本差异时，较高的文化技能与人力资本是职业转换的必要条件，可使其在职业选择上较快掌握新的技能，具备更强的职业转换的能力。受此激励，为了获得更多的非农就业机会和职业选择的主动性，农村居民更加注重自我能力的提高和子女的教育投入，开始注重子女的质量生产，减少对子女的数量生产，农村家庭对家庭成员人力资本投入进一步加大。贝克尔（Becker Gary S.）等学者对此的理论解释是，在家庭资源和时间禀赋的预算约束下，家庭的生育选择存在数量与质量上的替代关系，并且，家庭效用水平的满足皆可来自子女的数量和质量，在对家庭效用最大化的追逐下，父母对于子女数量（生育率）或者质量（人力资本积累率）的偏好选择上，取决于既定约束下单位资源投入在数量或者质量方面的边际收益率的比较。因此，家庭生育率的下降和人力资本投资的提高是择优转移带来的人力资本收益率提高的背景下，家庭决策的最优化过程。

当前中国，大多数农民追逐非农部门较高人力资本报酬而选择非农就业，为了适应非农部门择强汰弱的就业规则，在人力资本的广度和深度上不断投入与改善，形成农业部门人力资本提高的基础。郭剑雄、李志俊（2010）早就注意到中国农村生育率下降、农村人力资本积累率提高的趋势，指出农村家庭的人口生产由数量偏好正在转向质量偏好[①]。在这种报酬最大化的选择和人力资本的动态改善中，作为理性经济人的农民，在家庭人口生产上由高生育率、低人力资本积累率转向低生育率、高人力资本生育率，最终促使我国农村人口的人力资本积累率逐渐提高，农村劳动力综合素质不断提高，农村人口质量得到代际优化。可以说，农村人口质

---

① 李志俊，郭剑雄.劳动力选择性转移对农村家庭人口生产偏好转变的影响[J].中国农村观察，2010（3）：40-49.

量的动态提升和代际优化是农民在非农转移的推动下，人口量质转型的必然结果。

4.4 劳动力择优转移下我国农村人口代际优化的经验检验

4.4.1 模型设计

在劳动力转移过程中，农村居民意识到较高的人力资本能够在非农转移中具有更大的就业概率，取得更高的报酬。在充分流动的劳动力市场上，农民人力资本投资的积极性被充分激发，开始加大对自己尤其是子女的人力资本投资，从而提高了农民人力资本积累率。

对于农村劳动力择优转移、人口生产由高生育率、低人力资本积累率向低生育率、高人力资本积累率转变以及农村人口的代际优化，这一动态发展过程的实证检验，本书拟选用向量误差修正模型（VECM）来进行。系统的各个变量之间存在协整关系时，简单的差分会损失很多有用的信息，使分析结果出现误差，而且 VAR 必须要求数据平稳。Engle 等将 ECM 和 VAR 进行结合，构建 VECM 模型，可以避免原始数据必须平稳的要求，只需要原始数据之间存在协整关系即可，且能够反映出原始数据之间的短期影响和长期均衡关系。该模型的基本形式为：

$$y_t = a + \sum_{j=1}^{k} \prod_j y_{t-j} + \mu_t \tag{4-1}$$

式（4-1）是一个含有 n 个变量的 VAR 模型，都是一阶单整，$a_t = (a_1, a_2, \cdots, a_n)$，$y_t$ 为 $n \times n$ 阶时序向量，u_t 为 $n \times 1$ 阶均值为零的白噪声常数向量，$\prod_j$ 为 $n \times n$ 阶参数矩阵。对式（4-1）进行差分变换可得：

$$\Delta y_t = \sum_{j=1}^{k} \Gamma_j \Delta y_{t-j} + \prod y_{t-1} + \varepsilon_t \tag{4-2}$$

式（4-2）中，作为 y_t 和 y_{t-j} 一阶差分的 Δy_{t-j} 和 Δy_{t-j} 皆平稳，并且如

式（4-1）中 y_t 所表示的变量中存在一个协整关系，则式（4-2）可以用式（4-3）来表示：

$$\Delta y_t = \sum_{j=1}^{k} \Gamma_j \Delta y_{t-j} + \beta \text{VECML}_{t-1} + \varepsilon_t \quad (4-3)$$

式（4-3）则为 VECM 的基本表达形式，其中，VECM 由各个变量的长期均衡关系来确定，绝对值的大小反映出受短期影响冲击后，序列向长期均衡值调整的速度，其调整速度与绝对值的大小成正比。

4.4.2 指标选取与数据来源

（1）指标选取

借鉴李志俊、郭剑雄[①]等对生育率和人力资本积累率相关指标的选取，本书选取劳动力非农转移比例、农村妇女一般生育率、农村居民高中及以上文化程度所占比例、农村家庭文化娱乐支出占总支出的比例四个指标，对劳动力择优转移下农村人口的代际优化进行实证检验。

对于农村劳动力转移这一指标的选取，以劳动力非农转移比例（M）来进行。指标计算公式为：劳动力非农转移比例（M）=1-（农村劳动力第一产业就业人员÷农村全部从业人员）。从公式含义可以看出，通过剔除农村全部从业人员中从事第一产业的人员比例数，得到第一产业之外的其他从业人员比例数，这一指标可以反映出劳动力转移的方向、相对规模和特点。

农村妇女一般生育率（F）可以反映农村家庭人口生产"量"的变化，但是，1985—2015年的相关数据很难全部获得，因此，以全国妇女平均生育率为农村妇女一般生育率的替代指标。由前文分析可得，我国生育率下降既有工业化的内生原因，又有中国实施计划生育政策的外生原因，但

---

① 李志俊，郭剑雄. 劳动力选择性转移对农村家庭人口生产偏好转变的影响[J]. 中国农村观察，2010（3）：40-49.

是计划生育政策实施城乡差别、民族差别，农村家庭可以生两孩，少数民族家庭可以生两孩或者三孩，而城市家庭在计划生育实施以来至 2016 年 1 月放开"二孩政策"这一阶段，明确规定只能一孩，因此导致中国育龄妇女生育率的变化趋势主要取决于农村育龄妇女生育率的变动，在剔除 2016 年、2017 年受政策影响较大的生育率数据，中国育龄妇女生育率是能够比较准确地替代农村妇女生育率指标的。

此外，人力资本积累率即农村劳动力"质"的指标，用农村居民高中及以上文化程度所占比例（ED）来衡量；人力资本投资情况即人力资本投入的成本用农村家庭文化娱乐支出占总支出的比例（EX）来反映。

（2）数据来源及变量的统计性描述

本书使用我国 1985—2015 年的时间序列数据，上文提及 2016 年我国政府颁布的"二胎政策"会影响全国一般生育率水平，所以本书中农村妇女一般生育率的替代指标全国妇女一般生育率采用 1985—2015 年的数据，其数据来源于相应年份的《中国人口和就业统计年鉴》；农村劳动力非农转移比例经由相应年份的《中国人口和就业统计年鉴》的相关数据整理所得；农村家庭文教娱乐支出占总支出的比例、农村居民高中及以上文化程度所占比例等相关数据均来源于相应年份的《中国农村住户调查统计年鉴》。各变量的描述性统计分析结果如表 4-1 所示。

表 4-1 变量的统计性描述

Variable	Obs	Mean	Std. Dev.	Min	Max
M	31	25.28	9.38	4.9	40.8
F	31	50.18	17.84	29.75	86.32
EX	31	8.49	2.42	3.9	12.1
ED	31	11.44	3.031	7.3	17.3

4.4.3 计量检验

（1）时间序列数据的平稳性检验和协整检验

为了有效减少伪回归，本书利用 Eviews 7.0 软件对各变量的时间序列数据进行平稳检验，即数据的 ADF 检验（Augmented Dickey-Fuller）。检验结果如表 4-2 所示，各变量的时间序列数据都存在单位根，在 5% 的显著性水平下，所有时间序列经过一阶差分后都拒绝原假设，各时间序列数据都是平稳的。

表 4-2　ADF 单位根检验

变量	t 值	滞后期	AIC 值	DW 值	R^2
F	-4.574	1	5.664	1.911	0.727
M	-3.496	1	3.876	1.976	0.308
EX	-4.106	1	2.343	1.960	0.393
ED	-3.071	1	2.535	1.945	0.792

Johanson 协整检验是一种进行多变量协整检验的较好方法，该方法以自回归模型（VaR 模型）为基础建立。本书使用这种方法，来确定非农转移比例、农村妇女一般生育率、家庭文教娱乐支出比例占总支出比例和农村居民高中及以上文化程度比例各变量之间的协整关系，协整结果如表 4-3 所示。在 5% 的临界值水平下，接受 "$r \leqslant 2$" 而拒绝假设 "$r = 0$" 和 "$r \leqslant 1$"，因此模型变量中 M、F 和 EX 以及 M、F 和 ED 之间存在长期协整关系。

表 4-3　各变量的 Johanson 协整检验结果

协整方程个数假定	M、F 和 EX 的协整检验结果				M、F 和 ED 的协整检验结果			
	特征根	迹统计量	5% 的临界值	P 值	特征根	迹统计量	5% 的临界值	P 值
0	0.565	37.943	29.797	0.004	0.399	23.733	29.797	0.022
≤1	0.333	13.777	15.495	0.089	0.163	8.970	15.495	0.051
≤2	0.068	2.048	3.841	0.152	0.123	3.796	3.841	0.368

（2）格兰杰因果分析

格兰杰检验能够反映变量之间的格兰杰因果关系，以证实前文的假设。对农村劳动力非农转移比例（M）、农村妇女一般生育率（F）、农村家庭文教娱乐支出占总支出比例（EX）、农村居民高中及以上文化程度比例（ED）进行格兰杰因果检验的结果如表4-4所示。

表4-4 格兰杰因果关系检验结果

零假设	滞后期	F统计量	P值	结论
M 不是 F 的格兰杰因果关系	2	5.364	0.067	拒绝
M 不是 EX 的格兰杰因果关系	1	9.489	0.005	拒绝
M 不是 EX 的格兰杰因果关系	1	4.576	0.078	拒绝
ED 不是 M 的格兰杰因果关系	2	8.656	0.074	拒绝
ED 不是 F 的格兰杰因果关系	6	4.834	0.082	拒绝

由表4-4可知，农村劳动力非农转移比例和农村妇女一般生育率之间为单向因果关系，其中，滞后两期的农村劳动力非农转移比例是农村妇女一般生育率变动的格兰杰原因。农村劳动力非农转移比例、农村家庭文教娱乐支出占总支出的比例两者之间互为因果，这意味着农村劳动力的非农转移与农户的人力资本投资有互相促进作用。农村高中及以上文化程度居民所占比例与农村劳动力非农转移比例之间具有双向因果关系，表明劳动力人力资本积累率影响农村劳动力的非农转移，这一点也是当前劳动力转移进程中出现的优质劳动力率先转移这一事实的验证。农村高中及以上文化程度居民所占比例是农村妇女一般生育率的格兰杰原因，表明两者之间即农村人口的质量与数量存在替代关系，但需一定时间才能显现此种替代效果。

（3）误差修正模型结果分析

误差修正模型能够反映出变量间的短期调整过程和长期均衡关系，其均衡偏差调节机制，可协调与长期均衡的关系。因此，本书在协整检验通过的基础上，采用 EG 两步法构建起 ED 与 M、EX 与 M、F 与 M 三个误差修正模型，来研究各变量间的变动关系及发展趋势（各修正方程下方的括号内为各个变量对应的 t 检验值，* 和 ** 分别表示误差修正方程的参数估计结果在 10% 或者 5% 的水平上显著）。各模型的估计结果及分析如下：

① ED 与 M 的误差修正模型：

$$\Delta ED = 0.3048 + 0.0797 \Delta M_{t-1} + 0.0397 \Delta M_{t-2} - 0.0326 \Delta ED_{-1}$$
$$(1.733^* \quad 1.465^{**} \quad -0.571 \quad -1.477^* \quad -0.0913$$
$$\Delta ED_{-2} - 0.0786 VECM_{t-1})(-2.021^{**} \quad -0.394) \quad (4-4)$$

其中，$VECM_{t-1} = -0.0283 M_{t-1} - 7.812$，模型的拟合优度为 0.583，AIC 值为 2.501、SC 值为 -1.799，估计结果表明模型具有较强的解释能力。由模型可得，农村高中及以上文化程度居民所占比例即农村居民的人力资本积累率有来自农村劳动力非农转移比例的影响。滞后一期、滞后二期的农村劳动力非农转移比例的系数为正且较小，其估计系数和误差修正系数也较小，说明其对农村高中及以上文化程度所占比例的变动存在一定影响，但影响程度不大，短期的调整力度更小。而农村高中及以上文化程度居民所占比例这一指标的滞后一期、滞后二期的变动系数皆为负，说明人力资本的本期水平依赖于前一期的水平。产生以上估计结果的可能原因在于劳动力人力资本积累需要一个较长周期，而式（4-4）中的滞后期是比较短的。

② EX 与 M 的误差修正模型：

$$\Delta EX = 0.1345 + 0.0021 \Delta M_{t-1} + 0.0148 \Delta M_{t-2} - 0.2048 \Delta EX_{t-1}$$
$$(0.319 \quad 2.022^{**} \quad -0.571^* \quad -1.305^* \quad -0.7460$$
$$\Delta EX_{t-2} - 0.2799 VECM_{t-1})(-1.031^* \quad -1.435^*) \quad (4-5)$$

其中，$VECM_{t-1} = -0.05304 M_{t-1} + 6.892$，误差修正方程的拟合优度为 0.634，

AIC 值为 5.666，SC 值为 7.016。这表明农村家庭文教娱乐支出占总支出的比例这一变量受劳动力非农转移比例的影响，而且农村劳动力非农转移比例的变动会引起农村家庭文教娱乐支出占总支出比这一指标例的较大变动，且短期内易于调整，调整力度较大。对此可作如下解释，农村劳动力的非农转移提高了农村居民家庭收入，进而对家庭支出结构和数量产生了影响，而人力资本积累的特点是形成周期较长，因此，这种间接影响的时滞效应会明显短于农村人力资本形成周期。

③ F 与 M 的误差修正模型：

$$\Delta F = -4.6639 - 0.2525\Delta M_{t-1} - 0.6734\Delta M_{t-2} - 0.1457\Delta F_{t-1}$$
$$(-1.372^* \quad -1.659^{**} \quad 0.478^* \quad -1.721^* \quad -0.3374$$
$$\Delta F_{t-2} - 0.1867\text{VECM}_{t-1})(-2.323^{**} \quad -1.480^*) \quad （4-6）$$

其中，$\text{VECM}_{t-1} = 2.4375M_{t-1} - 153.49$，误差修正方程的拟合优度为 0.779，AIC 值为 -4.368，SC 值为 -3.748，方程结果表明，农村妇女一般生育率与农村劳动力非农转移比例密切相关。式（4-6）中，滞后一期、滞后二期的变量 ΔF_{t-1} 和 ΔF_{t-2} 对农村妇女一般生育率变动的影响为负，滞后一期和滞后二期的农村劳动力非农转移比例变动对农村妇女一般生育率变动的影响也为负，这说明，农村妇女一般生育率和农村劳动力非农转移比例的变动都有时滞性。另外，式（4-6）中误差修正项 VECM_{t-1} 的系数为负，说明在误差修正模型的反向修正机制下，滞后一期的偏差以 0.1867 的比率对本期的农村妇女一般生育率作出反向修正，使其向长期均衡值靠近，最终使农村妇女一般生育率、农村劳动力非农转移比例两者关系趋向于长期均衡。

4.4.4 结论分析

三个误差修正方程中，误差修正项的回归系数为负，且通过了 10% 的显著性检验。这说明符合误差修正模型的作用机制，其可以对偏离轨道的短期波动进行负反馈，从而修正以上变量和农村劳动力非农转移比例之间的变动关系，使相关变量的关系最终回归长期均衡。农村高中及以上文化程度居民所占比例、农村家庭文教娱乐支出占总支出的比例、农村妇女一般生育率与农村劳动力非农转移比例之间具有由短期波动向长期均衡调整的关系，最终证实农村劳动力转移对农村人口的低生育率、高人力资本积累率的发展趋势存在长期影响。

因此，从长期来看，在农村劳动力面对扩展的就业选择集合时，大量劳动力在非农转移与就业的推动下，为了寻求更高的人力资本报酬而形成劳动力的择优转移。在非农就业更高收益的激励下，农村家庭人口生产由数量偏好转向质量偏好，即人口生育率下降，人力资本积累率上升，最终导致农村人口受教育程度一代高于一代。随着时间的变迁和经济的发展，农村人口质量在代际间不断提升和优化，农民就业选择能力得到提高，各个变量间的作用机制显现出现代农民的内在成长路径，工业化引致的劳动力择优转移形成了现代农民成长的内部动力。

4.5 农村人口代际优化效应

人口生产量质偏好的逆转，农村人力资本代际优化，对于农业成长或农业生产函数的转变存在相互强化的多重效应，使劳动这一生产要素发生着质的变化和提高，从而推动了农业生产要素的全面升级。

4.5.1 农业人力资本深化效应

农业劳动力的择优转移引致农村人口生产由数量偏好向质量偏好的转型，这种转型使农村人口的素质得以动态提高，最终带来农村人口质量的代际优化。但是，代际优化未必一定会引起农业从业人员人力资本的提升和深化。其原因在于，农业劳动力择优转移会引起转移劳动力人力资本流失，若转移劳动力的人力资本积累率大于人口转型产生的平均人力资本增长率，必然引起农业人力资本的净流失，未参与非农转移产业的劳动力即留守农业劳动力的平均质量会有所降低。

然而，不可忽略的一个事实是，在大量农村劳动力离农就业进程中，普遍使用农业机械化来代替日渐稀缺的农业劳动力资源，这种以物质资本来替代劳动的农业技术进步模式，对农业从业人员的素质和技能产生了新的要求，反过来促进了农业劳动力人力资本的提高。由于农业人力资本的稀缺性，农业人力资本的投资收益率开始不低于非农人力资本投资的收益率，农业资本逐渐具有竞争优势，农村居民对农业人力资本的投资产生了更大需求。加之劳动力转移过程中留任于农业部门的劳动力形成的人力资本积累，各方面原因使劳动力转移的人力资本流失率开始小于人口转型带来的人均人力资本增长率，此时，农业人力资本得到深化，人力资本成为经济增长与发展的主要动力。因此，从长期来看，农业人口生产的量质转型、对农业人力资本的普遍重视、农村人口的代际优化将从整体上提高农民素质，有助于农业生产各项要素的升级。传统农业生产函数由此逐渐过渡到现代农业生产函数，农业部门将被逐渐改造成一个高素质劳动力的竞争性就业部门。

结合前文数据可见，高中及以上文化程度在农村人口中的比例，1985年为7.4%，1990年为7.6%，2001年为12.1%，直至2017年为18.01%，农村劳动力的受教育水平明显在逐步提高。而CGSS 2008数据库（《中国综合社会调查2008》）也同样显示，1971—1990年较1949—1970出生的农业从人人员，男性和女性的受教育程度分别提高2.45年和3.02年。也是就说，伴随我国从传统农业到现代的农业的转型，农村人口素质在动态提升，农业人力资本在不断提高和深化。

4.5.2 农业技术形态转变效应

舒尔茨指出,传统农业中的农民完全以其世代使用的各种生产要素为基础进行农业生产,这些"世代使用的各种生产要素"即传统生产要素。作为传统要素的劳动、土地和资本均具有边际报酬递减性质,难以担当农业增长的长久引擎。而前文分析的农村人口生产偏好转变以及农村人口的代际优化,进而提高并深化了农村人力资本水平。作为农业生产新要素——农业人力资本的加入,是引进先进机械设备和技术的前提条件。随着农村劳动力的大量非农转移,农业部门的人地比例关系得到改善,土地规模随之扩大,物质资本体现型的农业技术逐渐显现出技能偏态特征的变化。因此,随着人口生产量质转型和农村人口的代际优化,在劳动力持续性的非农转移下,将产生物质资本对劳动的替代,从而使农业生产逐渐转变为劳动节约和资本密集的技术类型。

实践证明,在农村劳动力大量转移到非农部门的背景下,中国农业总产出却一直呈现出持续快速的增长。国家统计局数据显示,1985年农业总产出为2564.4亿元,2010年为40497亿元,2016年则为63671亿元,增速明显。这说明劳动力数量投入的增长已经不是决定中国农业产出增长的重要因素,劳动密集型技术对中国农业产出增长的效应不断减弱。同时,农业部门的物质资本投入却大幅增加,比较1990年和2010年,农用机械总动力从2.87万千瓦增长到9.27万千瓦,2016年为144.4万千瓦,近10年增长势头尤为迅猛,农用化肥施用量也有大幅增长。在农业从业劳动力数量减少的同时,农业产出的增长无疑得益于农业物质资本的投入,人口量质转型带来了物质资本体现型的技术进步。从长期来看,择优转移带来人口代际优化这一长期积极影响,虽然以劳动力技能所体现的先进技术尚不能在现阶段的中国农业发展阶段充分发挥作用,但是人力资本体现型的技术进步将随着农业现代化的实现而逐步转变和升级。

4.5.3 农业生产组织变迁效应

农业人口代际优化产生的农业人力资本深化效应,在推动农业技术升级的同时,引起农业资源向物质资本和人力资本"双重深化"阶段的演进,农业资源结构被改变,这种改变属于市场"诱致"型变迁的结果。在这种变迁下,农业资源结构改变和农业技术升级,传统农业组织向现代农业组织演进。首先,劳动力的大规模非农转移就业和农业人口生产上的数量偏好转变,均导致农业土地经营规模扩大,为农业的规模化经营奠定了基础。其次,在市场化专业分工生产下,农业资源配置方式由个人或者农户的私人化配置转变为社会化配置,农业生产由传统的封闭化生产转变为社会化生产。工业化进程中土地规模有所扩大,资本劳动比提高,资源配置走向社会化和市场化,农户逃离了"马尔萨斯"生存陷阱,农业组织不再是依附于消费的生存型组织,而是生产目标转向利润最大化的牟利型企业,逐渐具备企业化农业组织的形态。农业生产组织向高级形态的变迁及对现代农民生成的机理是下一章讨论的内容。

总之,农民在拥有自由职业选择机会的前提下,劳动力大规模持续性的择优转移,是农民作为理性经济人在短期内以空间流动来获得最佳就业价格的行为。工业化在扩展农民就业选择集合的同时,非农产业部门异质化、动态化的就业特征,使得农业发展中的人均物质资本装备率、人均土地装备率有所提高,进而引致技术偏态型农业技术产生。从而劳动者在面对职业选择时,其选择的自由度大小和职业收益的高低,与劳动者的人力资本等个体能力素质正相关。受到非农部门人力资本高收益率的激励,农民在长期的经济行为中,调整、加大子女人力资本投入来改变和逆转其家庭人口生产的量质偏好结构,使农村人口的人力资本积累率不断提高、农村人口生育率不断下降，农村人口质量得以动态提升，农业劳动力的综合素质和人力资本水平在代际间不断提升和优化。由此产生的代际传递效用，最终提高了农民自身的就业选择能力。所以，劳动力择优转移下农村人口生产量质转型以及人口代际优化是现代农民主体选择能力不断理性调整、选择能力提高的内在成长路径。而且，农村人口代际优化产生的农业人力资本深化效应和农业技术升级效应，最终推动了农业组织转向农业的企业化经营。

5 农民就业选择条件的转变：
农业的企业化与农民的选择性就业

工业化扩展了农民就业选择集合的同时，引起农村劳动力非农就业的择优转移和人口质量的代际优化，进而推动农业生产要素升级，使农业的成长形态发生演变，实现从传统农业—工业化农业—现代农业由低级到高级形态的转变，具体表现为农业生产函数改变、农业技术升级和生产组织变迁等一系列的系统性和结构性变化。因此，农业现代化的实现以劳动力大量转移为前提条件，以劳动力人力资本深化为主要驱动，在此背景下的农业企业化则是工业化引致的农业生产组织变迁的必然产物，是实现农业现代化的主要组织形式，其理论依据在于交易成本的节约和规模经济。作为农业产业化发展延伸与主要形式的农业企业化经营，运用现代企业理念和运行机制，无论采取何种形式，其特点在于农业组织的企业化和农业主体的现代化。在农业企业经营过程中，对农业生产经营主体的能力素质等提出更高要求，形成对农业高素质人才的现实需求，促进了现代农民的成长。开放的劳动力市场，农业人才面对农与非农就业选择时，其选择条件在于从事农业部门与非农部门应当获得大体相当的职业收入。因此，从事农业产业与非农产业的工资收益则形成高素质农民选择农业就业的条件，伴随这一门槛条件的达到，农业组织与从业者可进行双向选择，农民真正成为就业选择集合中劳动者可以自主进行选择的职业之一，现代农民由此生成。

5.1 农业现代化及实现条件

5.1.1 农业成长形态的变化与农业现代化

农业现代化并未形成统一的定义，通常包含新农业机械和新生产手段的使用，农业的产业化、信息化、生态化发展，农业从业者的素质提高等内容。一些学者试图从技术层面来定义，甚至构建了一系列技术指标值来评价或衡量农业现代化，对于处在动态变化中的农业发展来说具有很大的局限性。工业化不仅是劳动力转移引致传统农业生产函数的改变过程，还是物质资本大规模进入农业生产后，农业生产函数重新建立的过程。借鉴郭剑雄对农业成长形态的划分[①]，本书从传统农业、工业化农业、现代化农业三个阶段中要素投入结构差异及农业生产函数变化的视角对农业现代化进行界定。

在传统农业阶段，劳动和土地是农业生产函数的基本投入要素，也是农业产出增长的基本驱动，其生产函数可定义为：

$$Y_{t1} = A_{t1} F_{t1} (L_{t1} X_{t1})$$

根据道格拉斯生产函数性质，两边同时除以 L，得到人均函数：

$$y_{t1} = A_{t1} x_{t1}$$

人均函数表明，在传统农业形态下，由于土地资源的稀缺性，供给缺乏弹性，在土地不变人口增加的趋势下，劳动的密集化配置成为传统农业生产的基本特点，在无非农就业机会的条件下，受耕地面积的限制，农业人均收入处于勉强维持生存的低水平陷阱，呈现出一种以持续贫困为特征的稳态结构。

工业革命引致农业劳动力大量非农转移，使紧张的人地关系得到极大

---

① 郭剑雄. 农业发展：三部门分析框架 [M]. 北京：中国社会科学出版社，2008：177-180.

改善，农业生产由劳动密集化配置转向大规模运用物质资本要素阶段，农业资源结构和技术类型随之发生显著变化，可称为工业化农业阶段，其实质是传统农业向现代农业的过渡阶段。这一阶段的农业生产函数可定义为 $Y_{f2} = A_{f2} F_{f2} (L_{f2}, K_{f2})$，其中，$L$ 表示这一阶段的农业劳动力投入，小于古典农业函数中的 L。K 代表工业化农业阶段的资本投入，是引入的新要素，也是这一阶段资源结构变化最主要的体现。人均函数则为 $y_{f2} = A_{f2} k_{f2}$，表明工业化农业阶段，资本要素成为收入增长的新源泉，引入新知识及新技术手段使资本密集型技术的效率边界远高于传统农业阶段劳动密集型技术的效率边界。在资源结构和技术类型的转变下，农业发展摆脱了传统农业中的"马尔萨斯陷阱"，农业技术体系演进到资本替代劳动的工业化农业技术体系，农业人均产出（收入）随着劳动生产率的提高和技术进步而增长。

随着农业资源结构、技术体系的进一步变化以及工业化的完成和劳动力转移的结束，农业劳动力投入规模减小，取而代之的是物质资本的大量投入和人力资本在农业的进驻。农业生产函数开始引入人力资本新要素，定义为 $Y_{f3} = A_{f3} F_{f3} (L_{f3}, K_{f3}, H_{f3})$，其中 K_{f3} 为广义资本，是 K_{f3} 与 H_{f3} 的合并，包括物质资本和人力资本，而人均广义资本装备率 k_{f3}^* 及其广义资本运用性技术 A_{f3}，由于其蕴含了人力资本报酬非递减性特征，不仅是现代农业人均产出增长的源泉，还形成了农业增长的内生动力。此阶段农业成为内生农业或现代化农业，其最大特征是农业产业与非农产业投资收益率（或要素的边际收益率）趋同。

由此可见，农业发展的高级形态是农业现代化，是引入农业人力资本这一新的生产要素之后，农业要素结构变化所引起的农业生产技术体系升级和农业生产函数的转变过程。生产函数强调了人力资本及其推动的技术进步对产出增长的积极影响，多国经验表明，发达经济体的农业属于此种类型，也预示着中国农业发展的未来。改革开放以来，农民就业集合的改变带来的劳动力转移和人口生产量质转型，使中国农业完成了从传统农业到工业化农业的过渡，在物质资本的不断投入下，中国农业快速增长。随着劳动力转移和人口质量提升，农村人口的代际优化，人力资本投入将逐渐成为农业发展的驱动力，中国农业发展的高级形态有望实现。

5.1.2 农业现代化的实现条件

由农业发展形态由低级向高级形态的变化可知，工业革命带来劳动力转移和物质资本的大量投入，伴随物质资本、人力资本的"双重"深化，农业发展终将走向农业现代化，工业化农业阶段不过是其从传统农业到现代农业的过渡。在这个过程中，农业向现代化农业的转变需要如下条件：

（1）农业劳动力在农与非农部门的转移和流动。劳动力的离农就业带来人地比例关系的改善和物质资本的大量投入，为土地的规模化经营奠定基础。对于劳动力转移流动的过程，拉尼斯（G. Ranis）和费景翰（J. Fei）将其划分为三个阶段，第一个阶段是多余劳动力的转移阶段，这一阶段的特点是边际生产力等于零；第二个阶段是边际产出大于零但小于平均产出的劳动力流出阶段，在这一阶段，农业总产量将会减少；第三个阶段是边际产出大于平均产出的农业劳动力流出阶段。其中，第一阶段与第二阶段的交界处被称为农业短缺点，在这一点上将出现粮食短缺。在第三个阶段，由于农业劳动力流出的边际产出开始大于平均产出，工业部门若要吸引农业劳动力的继续流入，就必须支付更高的报酬，不能再根据平均产出来支付劳动力的工资报酬，而是以农业劳动力的边际产出给付工资。此时，农业劳动力和工业劳动力同样成为市场机制下的竞争性商品，农业部门也随之完成了从传统部门向现代部门的转变。拉尼斯和费景翰认为，第三阶段是农业的商业化阶段,第二阶段与第三阶段的转折点为农业的商业化点,也是农业劳动力的商品化点。在托达罗等学者看来,农业的商业化与现代化是统一的。由此可见,农业劳动力在农与非农部门的转移和流动在边际产出大于平均产时,形成农业现代化的转折点,因此,农业现代化的先决条件在于农业劳动力在农与非农部门的转移和流动。

(2)农业人力资本这一新要素的引入及深化是农业现代化的又一个实现条件。农业发展的阶段不同,农业资源结构也有所不同,现代化农业的生产函数中开始包括人力资本新要素 H_{t3},不同于物质资本的报酬递减性,人力资本具有报酬递增性。农业部门的技术进步类型首先表现为物质资本的密集投入,如新的农业机器及设备的广泛投入与使用、农作物新品种的引进、新工艺的采用等方面。速水佑次郎和弗农·拉坦的诱致技术变迁理论指出,技术进步是对缺乏供给的稀缺资源"瓶颈"的突破,不同国家的农业技术进步类型选择,与其面临的资源约束有关。中国农业资源面临的约束在于劳动力丰裕但是土地资源稀缺,决定了我国的农业技术类型一般来说为非技能偏态型,这是我国在人多地少资源结构禀赋下的合理选择。技能偏态型的技术运用是以稀缺的劳动力资源为前提的,伴随农业部门的劳动力转移和物质资本密集型技术进步的不断升级,新技术的出现要求有一定农业技术的劳动力与之匹配,此类技术进步显现出的技能偏态特点,对高素质农业人才的需求拉动使农业人力资本水平有所提升。农业人力资本的形成推动了农业技术从非技能偏态向技能偏态转变,成为农业生产函数由工业化农业阶段向现代化农业阶段转型的内生动力。

由以上分析可知,农业从传统农业到现代农业的转变,一方面以工业化带来的劳动力大量非农转移为前提条件,劳动力流动需要达到拉尼斯和费景翰所描述的第三个阶段,即农业劳动力供给减少到其边际产出大于平均产出这一阶段。另一方面，随着农业成长形态的成长与升级，农业部门的技术进步由于其日渐显现的技能偏态特点，其生产函数的转变需要人力资本的引入作为内部驱动来完成，农业人力资本的深化成为现代化农业实现的又一条件。正如舒尔茨所言，"许多新的要素只有在农民进行很繁杂的技术变更之后才会有收益。这就需要农民了解信息，并学习新技术"。在技能偏态型技术条件下，"人力资本的积累和实物资本的积累，二者是相互促进的"。人力资本具备的报酬递增规律，构成了农业可持续增长的源泉和关键驱动。

5.2 农业现代化的实现形式——农业的企业化

农业企业化是农业生产对于市场分工和专业化生产的适应，是以市场需求为导向，充分利用农业资源，运用工业发展理念和现代企业的运行机制来经营农业，使农业从传统的自给自足或半自给自足的小农经营方式转向农业的市场化和商品化经营，进而推动经济增长方式转变的过程，是农业产业化的延伸。农业企业化的具体手段是在农业的产业化、现代化转变过程中，将农业生产纳入企业经营管理的范畴，进行市场化经营、企业化管理、专业化生产的制度安排和企业化经营方式。因此，从手段方式来看，农业的企业化与农业的企业化经营所指一致。

经济发展的趋势和发达工业国家农业现代化的经验表明，在农业的发展中引入企业化经营的现代生产方式，对传统农业进行改造，形成具有现代企业组织特征的农业生产经营主体，是历史发展的必然和农业现代化的主要实现形式。

5.2.1 农业企业化的必然性分析

（1）农业企业化是工业化、市场化下农业生产组织必然的制度变迁

现代农业的形成和发育来自农业的商业化、市场化过程，其制度含义

在于农业成长形态演进中的制度性变革，以适应农业领域生产技术变迁、结构调整、要素升级的要求。科斯等学者认为，"诱致性制度变迁"源自人们为了追求获利机会，对现行不均衡获利制度自动发起和实施替代或变更，是新的制度的安排和创造。拉坦从制度供给与需求角度进行解释，认为稀缺资源的价格变化及与其相关的技术变迁是制度变迁的需求，其供给来自社会科学知识的进步、市场体系、社会服务等的完善。

一方面，工业化带来农民就业机会的增加，在扩展农民就业集合的同时，使农民非农就业收入增加。这种增加激励了农民对于自我和子女的人力资本投资，随着人口生产偏好由数量转向质量，农村人口质量代际优化，农民主体能力提高，人力资本的深化效应引致农业生产的要素结构升级，在改变农业生产函数的同时带来农业生产组织变迁。另一方面，劳动力择优转移下的人口代际优化带来的农业劳动力人力资本的改善，提高了非农就业概率，加速了城市现代部门经济规模的扩张、市场化分工和农业的企业化进程，使工业发展向农业延伸进而紧密结合。因此，从经济组织结构演进的角度来看，农业企业化的实质就是市场化下现代农业分工体系的扩展和农民就业选择集合变化所引起的农村人口生产偏好转变、农业生产要素升级，最终所引致的农业生产组织的制度变迁，是农村市场经济在发展过程对新的运营机制产生的客观需求，是制度供给和制度需求走向均衡的必然选择。

（2）农业企业化是现代农业节约交易成本和确定产权的必然制度安排

作为具有商业化特征的现代化农业，市场交易是其基本交易形式，农民的大部分经济活动将纳入市场交易，这种非人格化交易秩序决定了现代农业的产权必须清晰而有保障，因此带来了交易费用确定和产权界定问题，农业的企业化经营则很好地解决了这一问题。

科斯在其著作《企业的本质》中认为，由于有限理性、机会主义、不确定性与资产专用性、少数交易、信息不对称等原因的存在，使得市场交易费用高昂，而企业和市场都是一种资源配置机制，两者可以相互替代。企业的出现，是出于代替市场来节约交易费用的动因，交易费用决定了企业的存在。一般来说，交易费用包括搜寻和沟通成本、谈判签约成本、履约成本等，市场机制使这些费用相对较高。企业采取不同的组织、管理方式，是生产要素一系列的契约组合，有助于降低市场搜寻成本、交易谈判和履约监督等成本，最终节约了种种交易费用，这是企业的本质所在，农业的企业化经营方式也不例外。另外，作为市场经济条件下的农业企业化经营，是一种经营方式和生产手段，其制度基础是所有权与经营权的分离，这种分离的基础是产权的确定与制度安排。作为财产权的产权，包括一系列权利，如所有权、经营权、收益权和支配权等，是权利人在法定范围内对其财产的支配与处置，具有排他性。产权制度是对各项财产关系的制度安排，包括对各项产权进行组合、分割、调节等的制度安排。农业企业化经营的产权制度主要是参与方凭借其所拥有的权利能够索取利润分配权，实质是农户、企业和政府之间的契约关系或者产权关系，产权的核心问题是收益权的分配。在农业的企业化经营中，由于其具有的商业企业特点和管理理念，即政企分开，产权明确，作为契约方之一的企业，在产权关系中处于领导者的地位。企业与政府的产权确定是税收方式，可将两者收益直接挂钩。企业与农户之间的产权确定则是农民在农业企业中以劳动报酬等方式获得的利益分配，作为对农民的激励，企业有权决定与提高农民在利益分配中的比例与份额。因此，农业的企业化经营是农业产业化发展中确定各方产权与收益的有效的制度安排，被认为与家庭联产承包责任制一起构成了中国农业改革的"上篇"与"下篇"内容，是中国农业改革的"第二次飞跃"。

（3）农业企业的规模化、集约化经营是农业现代化发展的必然要求

经济学理论对规模经济的解释是，随着产量或者生产能力的不断扩大，产品的单位成本将不断下降。长期以来，分散经营和粗放经营是我国农业的主要特点，导致农业生产成本一直居高不下，且具有不确定性。这是由于农产品严重受自然条件变化制约，在生产条件适宜、自然资源充沛的情况下，农产品的产量大，生产成本低；反之则成本高、产量低，而且农产品生产周期长，投资回收期缓慢。另外，农业技术的推广和运用不足，农业生产资源利用率较低。企业经营中的规模经济特性则能够解决以上问题。首先，农业企业为了追求利润最大化，必须遵循规模经济这一基本规律，以分工带来生产效率提高和经营规模扩大，进而使单位成本下降。其次，家庭分散经营的盲目性和风险性，经常存在农产品生产与销售脱节的情况，而企业化经营对于农民的吸纳，在劳动力资源配置上能够引导农业企业和农民尽快更好地进入市场，在农产品的生产与销售上架起桥梁，有利于规避农户生产经营的风险，还有利于国家对农业的宏观调控。最后，对土地这一要素的使用，农业企业化经营可以有效推进农业的规模化、集约化经营，解决目前土地分散、粗放经营的现状，从而提高土地等生产要素的利用率及产出率，也便于引进农业科学技术，进而提高农业经济效益。另外，在资金要素的使用上，由于资金的趋利性，农业企业化经营带来的规模收益，可以吸引资金流向农业农村，解决农业发展资金不足的困境。

总之，作为农业现代化标志成果之一的农业企业化经营模式，在二战后的发达工业化国家普遍兴起，源于工业化推进下农业生产组织必然的制度变迁，是降低农业交易费用、合理配置农业资源的一种有效的制度安

排。从发达农业国家农业现代化的发展轨迹和经验来看,农业企业化经营是其实现农业现代化的主要形式和重要载体。目前,我国的东中部地区率先实行了农业企业化经营,取得了农业增效、农民增收的良好效果。因此,无论在发达国家还是我国,农业企业化经营必将成为实现农业现代化的一种有效制度选择和主要的组织形式。

5.2.2 我国农业企业化的基本条件分析

新制度经济学认为所有制度创新都有成本,当一项新的制度安排的可能收益或利润大于其所需支付的成本时,才可能发生制度创新。2015年,经过我国农业农村部认定的家庭农场达到355194家以上,从经营类型来看有种植业、养殖业以及种养结合型;农民合作社1336089个,主要集中在种植业、畜牧业和林业、服务业;专业大户耕地面积在50亩以上的有396.6万个[①]。不断增长的农业企业数量证明了农业企业化的广泛适用性,在工业化城镇化的推动下,我国农业企业化经营已经具备了一定的现实条件,具体如下:

(1)农民就业集合扩展带来的农业劳动力的大量非农转移。农民通过非农就业,从农业部门和土地转移出来,是形成规模经营、农业企业化及实现农业现代化的先决条件。世界发达国家农业现代化的实现与企业化经营以农业人口的转移为基础,农业人口的转移缩小了城乡差距,离农就业改善了紧张的人地比例关系,为土地集中和农业的规模经营提供了实现的可能,也为机械、科技等现代生产要素的引入提供了条件。我国人地比例关系一直紧张,改革开放以来,第二产业、第三产业的不断加速发展为劳动力的离农就业提供了广阔的就业空间,大量劳动力离农使人均耕地面积

---

① 农业农村部科技教育司,中央农业广播电视学校.2016年全国新型职业农民发展报告[M].北京:中国农业出版社,2017:16-19.

增加，土地生产效率提高。国家统计局数据如表 5-1 所示，2016 年我国第一产业产值从 2010 年的 39362.6 亿元增加到了 2016 年底的 63076.7 亿元，从事第一产业的乡村就业人员从 2010 年的 2.79 亿人减少到了 2016 年的 2.15 亿人，第一产业从业人员在乡村从业总人口中的比重从 41.62% 下降到 36.56%，逐年递减趋势明显。而农村劳动力转移人数在经历改革开放 40 年的发展历程，依然呈逐年增加的趋势，截至 2017 年达到 2.82 亿人，比上年增长 1.7%，人数增加 481 万人。

表 5-1 第一产值和乡村第一产就业人员对比

年份	第一产业产值/亿元	第一产值占生产总值比率/%	从事第一产业的乡村就业人员/亿元	第一产生就业人员占乡村村总人口比率/%
2010	39362.6	10	2.79	41.62
2011	46163.1	9	2.66	40.5
2012	50902.3	9	2.58	40.13
2013	55329.1	9	2.42	38.39
2014	58343.5	9	2.28	36.84
2015	60862.1	9	2.19	36.32
2016	63076.7	8	2.15	36.56
2017	65468	7.9	2.10	36.35
2018	64734	7.2	2.03	35.92

（2）农业人力资本的不断深化。农业劳动者拥有较高的文化素质是农业企业经营管理水平和科学技术得以提高的基础，是农业企业化经营的必要条件。前文提及的劳动力大量择优转移以及城镇化的快速推进，引致农村人口的量质转型，同时，国家每年增加的大量教育投入，使农民受教育程度显著提高，农村人口素质代际优化，形成了农业企业化经营的素质条件。由东北师大教育研究所发布的《中国农村教育发展报告 2015》数据显示，无论是农村幼教水平和投入，还是中等职业教育以及高中教育，毛

入学率和经费投入2009年以来都有显著增长,其中高中毛入学率由2009年的79.2%增加到2014年的86.5%,2016年农村居民高中及以上文化程度所占比例为16.6%,2017年为18.1%,人口受教育水平不断提高。人口素质的不断提高,为农业企业化经营中高素质农业人才的供给提供了基础。

(3)逐步完善的土地确权、流转政策。土地是农业生产的基本条件,我国土地资源较多,规模较大,但是农业人口众多,经过大基数的农业人口平均,又呈现出人多地少的基本国情。在非农转移过程中,由于人均土地少,即使有第二产业、第三产业的发展提供的就业机会,大多数农民仍然不肯放弃土地,形成大量兼业农民,细碎化的土地分割也难以形成农业企业化经营的规模基础。基于此,2004年以来我国《土地承包法》《物权法》等相关法律逐步贯彻落实,使土地规模化、集约化经营具有了法律依据和保障,如新颁布的《物权法》规定,拥有土地承包经营权的农户,可依法以转包、出租、互换、转让等方式自主出让其经营权,并鼓励农民将承包地转向农业企业、专业大户、合作社等农业组织。在土地所有权、使用权的确定和确认方面,2013年全国"两会"对土地改革明确提出以土地确权保障农民权益,加强对土地承包经营权流转的管理和配套服务,最终目的是发展农业的规模经营。随着全国多地对土地使用权流转的实验和试行,相关土地政策的实行使农业企业化经营的环境和条件不断优化,越来越多的农业经济组织开始引进企业化经营。如在上海、山东、浙江一些经济水平领先的地区,市场较为发达,政府和农民都有较强的创新意识,在当地土地政策的助推下,大量企业化农业组织已应运而生。

(4)日益专业完善的社会分工和运输条件。健全的社会分工和服务体系,是实现农业企业化经营的基本保证。经营规模的专业化与农业服务体系的社会化,两者是相互依赖、相互促进的。农产品大规模的生产和销售,需要及时、有效的市场信息、资金投入和农业技术引进与应用等，而政府有关职能部门、涉农公司、企业以及社区合作经济组织的重要功能则在于提供农业生产所需的信息、资金与技术，形成农业生产一系列的贮藏、运输、加工、流通、销售、保险等产前、产中、产后服务。有社会化、系统化的综合服务体系的支撑，农业生产才能形成持续性的规模经营。中国市场经济改革的成绩举世瞩目，市场得到高度发展，各个产业之间的纵向连接、横向分工的网络化、专业化效应明显，为农业的企业化经营提供了完善的社会分工基础。规模经营下大量出产的农副鲜活产品，对运输、保管、仓储形成了更高要求。随着近年来我国铁路、公路、高铁、航空等基础设施的加大建设与运力的不断提高，与之配套的大型物流仓储基地、农产品集散地、物流公司、农业数据平台的不断建成与加速发展，形成了农业企业化经营下农产品运输与销售的现实基础。国务院新闻办公室发布的《中国交通运输发展》白皮书数据显示，截至2015年年底，我国铁路总里程为12.1万千米，高铁里程1.9万千米，内河通道里程达12.7万千米，高速公路里程达到12.4万千米，各项运输条件居世界前列。农村公路覆盖达到400万千米，通达的乡镇与建制村分别为37684个、634390个，通达率高达99.9%和99.8%。港口建设的成绩居世界第一位，建成的生产性码头的泊位有3.13万个，其中，万吨以上泊位有2221个。民用机场达到210个。总体来看，多层次交通网络初步形成，与世界一流交通运输水平的差距不断缩小，部分领域居于世界领先水平。

可以说，在工业化、城镇化推动下，迈入农业现代化进程的中国农业发展，具备了一定的农业企业化经营的现实条件。农业的企业化经营不仅是中农业现代化发展的必然趋势和主要实现形式，在目前阶段的中国，也已经具备了可行基础。

5.3 农业的企业化经营与现代农民成长的双向互动机制

5.3.1 农业企业化经营的形式与特点

(1) 农业企业化经营的形式

农业的企业化经营是一种制度安排,从范围来看,涉农企业、种粮大户、农业合作社、家庭农场等农业组织,以商业企业的经营特点和机制来安排生产经营活动,都属于农业企业化经营的范围。具体来说,农业企业化采取的形式有以下几种:

① 家庭农场。这是我国农村目前比较普遍的一种农业生产经营模式,也是发达农业国家在农业现代化初级阶段的主要经营形式。我国的家庭农场形式,以家庭联产承包制为基础,以小农家庭为基本生产单位,通过有偿转让土地使用权的方式,使土地相对集中和具有规模,对农业种植及生产活动,运用先进技术,实行科学管理。与一般专业户相比,更具有规模经济,农产品产出率、商品率更高,是农业企业化的一种初级形式。

② 农业合作社。主要包括农业生产合作社和农产品生产加工合作社两种形式。农业合作社在发达农业国家有200多年的发展历史,主要解决农户分散经营与统一化大市场之间的矛盾,通过联合经营的方式提高农民组织程度和竞争力水平。农业生产合作社是农户的一种联合互助组织形式,为合作成员提供服务,对利润进行返还,成员自主自愿加入、自由退出。其实质是全体社员合作经营、民主管理的合作制企业。合作社的优势在于,可以较为便利地引进农业新品种和新技术,具有一定规模,减少成员的市场交易成本。农产品生产加工合作社则是农民农业生产合作社形式上的另外一种制度创新,专门针对的是农产品的生产加工业务,是全体社员对于盈余与亏损共担的农民互助合作经济组织。具体由一些集团公司,通过考察筛选农村种植户,创办合作社,给合作社制订生产种植计划,提供

技术服务，对农产品限定最低收购价格，由合作社统一交售农产品并取得收益。

③ 农业股份合作企业。投资者由2个以上农民或者以农民为主进行自愿投资，按照公司章程或协议创立企业法人，以资金、实物资产、土地使用权等作为股份。依据法律规定，从事各类农业生产经营服务活动，在收益分配上按劳分配、按资分红。可以由农户联合注册创建，以耕地、现金等折算入股，进行规模化、集中化种植生产或者经营，扣除盈利成本后以股份来分红。

④ 农业股份公司。公司由2个以上农民出资或以农民出资为主，按《公司法》的要求创办，以农业生产、加工及销售为经济活动，以出资人各自的股份份数承担风险与收益。农业股份公司形式多样，有以农民为主体、由农村集体经济组织联结农户或者由农民企业家创办的农业股份公司，具体形式可为"公司+基地+农户"，三者结成利益共同体。还有工商企业与农户联合，形成彼此联盟的形式，农民参与生产经营活动，提供劳动力，严格按照操作规程进行农业生产和田间管理；公司负责新品种引进、资金投入、产品收购和加工、技术指导、土壤改良、防疫担保等，按照农民产量给付报酬，建立与农民的长期合作关系，各自从中获得农业生产经营的收益。

目前，全国部分地方已开始实行多种形式的农业企业化经营，经济发达的地区正在率先实行。次发达地区、山区正在兴起。农业生产经营范围以种植业、养殖业居多，种植业主要涉及水果、花卉、蔬菜、林产等产业，粮食种植方面的企业化经营较少。总体而言，农业企业化经营的四种形式，是农业企业化初级阶段和中级、高级阶段的不同形式表现，目前我国的农业企业化较多停留在初级阶段的形式上，随着国内外大量资本不断进驻农业领域，农业企业化经营在今后将成为农业产业化的主要发展趋势。

（2）农业企业化经营的特点

基于专业分工精细化的农业企业化经营，无论采取何种形式，都已具备显著的现代企业特征，具有清晰的产权结构，独立的市场主体地位。体现的是商业企业运行的机制和特征，具有与工商企业趋同的表现，那就是农业组织的企业化和经营主体的现代化。

① 农业组织的企业化

农业组织的投入、生产、销售等决策和行为符合市场经济要求，与工商企业的组织行为相似。①在生产要素投入上，不再仅限于土地要素，其投入涉及土地、劳动力、资本、企业家才能等多种要素，且以企业化经营的形式使投入契约化。②在生产、销售的决策和行为上，由最初以满足家庭及成员需求为目的的生产主导型转向为社会提供生产、加工和交换的市场主导型，围绕市场需求来开展农业的生产经营活动。③以利润为目标，且农业企业与非农企业的利益收益大体相当。

总之，在市场化的高度发展下，农业领域的专业化分工程度不断提高，企业化经营确定的是农业组织的法人地位，使农业组织的经营走向规模化和一体化。发达国家农业产业的发展轨迹也是如此，如美国大多农户以企业形式经营，农业产业体系以"企业+企业+企业"为主，是一系列农业企业的组成。日本建立"农业特区"，允许企业法人进驻农业生产和经营领域。

② 经营主体的现代化

农业企业的生产经营主体是市场经济条件下的理性经济人，农业企业化经营的过程主要涉及农户、企业和政府三方。农民为农业企业提供劳动力资源等生产资料，是农业企业化经营的主体，也是农业现代化的实现主体。在农业的企业化经营趋势下,农业经营的内容走向农产品产、供、销一体化,农民成为农业工人,展现出市场竞争下的市场能力、农业科技应用能力、生产经营能力、管理能力等不同于传统农民的个体素质和职业能力,逐步具备了现代农民的素质与内涵。

另外,政府与企业掌握的资源不同,在企业化经营中担当的角色也不同。现代企业经营的理念是政企分开,政府对企业施加影响的手段只能以税收或者制定宏观政策的方式来进行。企业才是市场经济的基本部门和主体,农业企业利用拥有的各项经济资源,如资本、人才、技术等,对各种生产要素按照现代企业管理理念和制度安排进行最优整合,以实现市场效益的最大化为企业的最终目标。

5.3.2 农业企业化经营促进现代农民的成长

一直以来,农村农业被认为是难以吸引、培养人才的,从事农业意味着工作条件艰苦,收入低下。在农业部门,农村劳动力和资金等生产要素依然处于资源流出状态,严重影响了农业生产,使农业现代化成为四个现代化的短板。据中国社科院发布的《2017年人口与劳动绿皮书》,75%的农村已无青壮劳动力可转移,高素质农业人才的缺乏,严重阻碍了农业现代化的实现。

农业的企业化经营将人力、资金、技术等生产要素通过科学的生产方式和管理手段,按照企业运营的规范运转起来。在以市场需求为中心的农业企业化经营中,为了追逐最大的经济利益,在面对规模经营带来的生产扩大化和横向纵向一体化时,农业生产经营引入科学技术这一新要素以提高产出效率和市场竞争力,以工商企业的高效制度安排和生产经营方式带来收益的提高,从而产生了市场效应、农业技术进步效应、规模经营效应和收入效应。各种效应对高素质农业人才产生需求"拉力"和供给"推力","拉力"来自农业企业化经营过程中产生市场效应、技术进步效应、规模经营效应对于不同类型现代农民的需求,最终拉动了现代农民的成长;"推力"产生于农业企业化经营的收入效应,形成和加大了农民人力资本投入的物质基础,推动了农民人力资本的提高。

(1)农业企业化经营的需求"拉力"促进现代农民成长

市场效应促进管理型农民的成长。农业企业化经营是农业现代化发展的必然趋势和重要的组织载体,是经济组织发展变迁的制度产物,其向高级形态的演变过程表现在对农业企业的执行者和推动者所提供的制度及组织环境。在这个过程中,农业企业的推动者和组织者逐渐成长为具有经营管理能力的农民。农业企业化经营的核心是以市场需求为中心,追求利润最大化。作为农业企业必然需要提高其市场化经营程度,在市场开拓与风险应对、市场信息的有效利用、生产管理和组织、产品销售与沟通能力等方面产生对企业家才能的需求。这些需求推动一部分传统农民在农业生产经营理念、市场竞争意识以及职业发展等方面发生现代化转变,并依靠自己的能力不断学习和实践,升级知识结构,提高经营管理能力,从而促进了企业家才能的形成和管理型农民的成长。

技术进步效应促进技术型农民的成长。农业技术这一新的生产要素的引入,可以突破传统的生产可能性曲线。在农业的企业化经营中,对农业技术水平的提高和农业技术的广泛使用,产生了对农业技术人员的需求。首先,农产品新品种的研发与投入,农业技术的应用如农用机械、化肥农药等的使用,推动了农业技术的研发、推广和应用。而各类农业技术和资源的使用,对提高农民生产技术和经验也有非常显著的推动作用,这意味着,农业企业化的技术进步效应可以促进技术型农民的成长。如农业技术能够节约劳动资源的数量,提高单位劳动生产效率,但是规模农业机械技术的应用，会产生对劳动者较高的技术技能要求。其次，农业技术中"质"的投入，是一种内涵式投入，如农业良种的使用，要求劳动者需具备较高的知识水平与农业科学素质。另外，农业技术进步效应包括对传统农业资源的改造和提升，农业企业在引入现有农业技术和新的农业技术的过程中，还要实现在对土地和劳动最佳的配比比例，以达到其均衡效果，从而对农业技术人才的综合素质会产生更高要求。因此，农业企业的技术进步，带动了技术型农民的成长和数量的增加。

规模经营效应促进农业产业工人成长。农业企业经营的规模化，带来了规模收益，促进了组织效率的提高，节约了交易成本。规模经营下，农业企业的农产品生产、加工、销售等形成了横向一体化和纵向一体化，显现出日益强大的专业化生产和市场化分工，涉及生产、加工、流通等多个环节，在农业部门内部，产生不同的农业生产岗位和就业机会。随着企业须以契约化方式将农民联结至农业企业，产生了对具有专门农业生产技术的农业劳动力的大量需求，从而提高了农业从业者的职业素质和职业能力，促使农民转变为具有较高农业生产技术的农业产业工人。

（2）农业企业化经营的供给"推力"促进现代农民成长

农业企业化经营的供给"推力"促进现代农民成长，来自农业企业化经营的收入效应对农民人力资本投入的推动作用。一方面，农民在农业企业的就业，获得其劳动力价格即工资收入，其人力资本或者劳动力资源在市场机制下实现了有效利用，这对于农民来说是对其素质与职业能力的物质激励和认可，激励其更多进行人力资本提升。另一方面，农业企业的规模化、专业化带来的规模收益，提高了农业收益和农民收入，改变了农民的收入消费结构，形成农民进一步提高其人力资本及素质积累的物质前提，也吸引更多的高素质农民进入农业领域就业。传统农民受到此种吸引或者受到现代农民中典范人物的启示后,意识到在生产经营中需不断增加学习积累,获得更多的经验知识,于是依靠所获得的较高的农民收入来对其或者子女在人力资本方面进行投资。农业企业化经营产生的收入效应,促进了各种类型现代农民的成长,既是现代农民成长的物质驱动,又是其成长的物质基础。

此外,由于农业企业化经营是农民、企业、政府的三方契约,农业的企业化经营不但会对农业企业成员产生"拉力"和"推力"作用,还会对与农业企业化经营相关的其他服务人员产生正向影响。由此可见,推进农业企业化经营,对现代农民及各种高素质农业人才的形成有极大的促进作用。

5.3.3 农民的选择性就业推动农业的企业化经营

农民的选择性就业表现为农民在面对扩展的就业选择集合时,在农与非农两部门之间通过权衡各自收益,最终确定在更高收益的部门就业。农业的企业化经营促进了管理型农民、技术型农民、农业生产工人的成长,在现代农民成长起来的同时,具备了可以进行占优抉择的筹码,即具有较高的能力素质和职业选择能力。以人力资本积累率为主要表现形式的职业选择能力,是农民在农与非农部门之间进行人力资本报酬比较,进而进行选择性就业的依据。

假定农村劳动力是一个理性个体,作为理性经济人的农民,择优转移的决策基础是对成本和收益的衡量。假定个体劳动力 i 是工资 w^i 的决定方程,其方程式为:

$$\ln w^i = \overline{w^i} + r^i h \quad (5-1)$$

其中,$\overline{w^i}$ 表示劳村劳动力在农与非农业两部门就业的基本工资水平,r^i 表示的是人力资本的报酬率,h 为人力资本积累率。此时的农业部门人力资本积累率相对较低,还未发展为现代经济部门，所以 $r_{ag}^i < r_{na}^i$，$\overline{w_{ag}^i} < \overline{w_{na}^i}$，此处 ag 和 na 分别代表农业部门和非农业部门。

假定 C 为农村劳动力的转移成本，对比转移成本与未转移之前的总收入，其比值为 $\varphi = C / w_{ag}^i (0 < \varphi < 1)$。结合式（5-1），有：

$$\ln\varphi = C_\varphi - r_{ag}^i h \tag{5-2}$$

式（5-2）中，$C_\varphi = \ln C - \overline{w_{ag}^i}$。劳动力转移过程中的选择性主要体现在当人力资本积累率较低时，个体的转移成本相对较高；反之，拥有较高人力资本水平的个体，转移成本相对较低。基于此，农村劳动力进行转移的比例为：

$$\ln w_{na}^i - \ln(w_{ag}^i + C) \approx \ln w_{na}^i - \ln w_{ag}^i - \varphi > 0 \tag{5-3}$$

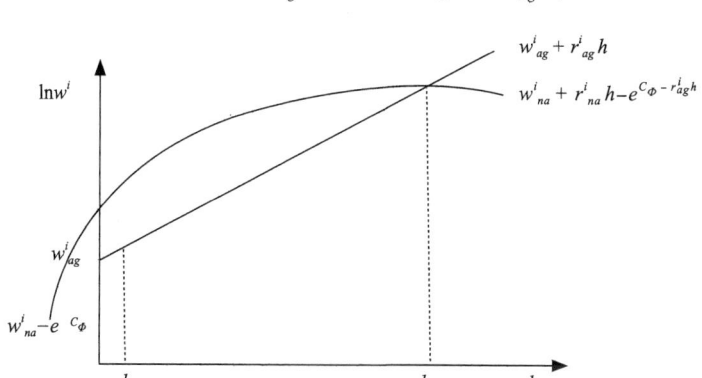

图 5-1 农村劳动力人力资本分布及其选择性就业决策

如图 5-1 所示，将人力资本积累率 h 作为自变量，劳动力工资水平 $\ln w^i$ 为因变量，农业部门和非农业部门的收入曲线如图 5-1 所示，可清楚地反映出在城乡部门收入存在差异的情况下（即两条收入曲线存在相交点时），农村劳动力人力资本分布及选择选择性就业决策条件为：

第一种情况，当 $h < h_L$ 时，农业劳动力人力资本积累率最低，此时的非农部门尚未充分发展起来，劳动力的工资水平 w_{na}^i 也很低，扣除转移成

本的非农就业收入低于农业就业收入，理性农民不会向非农部门转移，选择留在农业部门。这是非农部门不够发达，劳动力人力资本也不高的一种初级状态。

第二种情况，当人力资本积累率处于 (h_L, h_U) 水平时，扣除转移成本后的非农就业收入，高于劳动力在农业部门就业的收入，此时，劳动力选择在非农部门就业。

第三种情况，当 $h > h_U$，即劳动力人力本水平较高时，此时的农业部门已转变为现代部门，非农就业收入扣除转移成本后低于劳动力在现代农业部门的就业收入，劳动力因此不再选择转入非农部门就业，而是进入农业部门就业。在这种情况下，现代农民以自己较高的人力资本积累，主动完成农业就业选择。同时，第三种情况也给出了下文所讨论的从业者选择农业部门就业的门槛条件，即农与非农部门就业工资差距的收敛，换言之，即农业部门人力资本的溢价。

资源的有效配置是根据各种资源组合下的不同收益率所确定的最优组合。按照科斯的观点[①]，土地、劳动、资本等生产要素以契约方式租入，其对企业的贡献与回报成正比，换言之，作为企业，较高人力资本回报必然要求农业从业人员对企业经营有更大贡献。农业组织的企业化对从业主体的生产组织能力和要素配置能力产生的要求更高，必然在高素质农业人才进入农业企业时，应当给予其较高人力资本报酬，或者高人力资本的回报要求，必然会倒逼农业企业提高经营管理能力和生产效率。企业在进行成本收益核算和经营活动中，以尽量少的劳动耗费来取得尽可能多的生产经营成果。农业企业由产量最大化的生产决策转向利润最大化的市场导向经

---

① [美]Coase R. H. The Nature of the Firm [J]. *Economica*, 1937 (4): 386–405.

营，在人力资本高回报要求的压力与动力下，不断提高其市场竞争力和各项资源的配置效率，提高对优秀农业人才的吸引力。从而，农业企业将更加注重市场效应、技术进步效应和规模效应的提升。因而，伴随较高的人力资本回报和农业部门的现代化，现代农民的选择性就业最终提高了农业企业化经营的效率，推动了农业的企业化经营。

5.4 企业化经营下农业就业条件的形成——农与非农就业工资差距的收敛

5.4.1 农与非农收入差距的现状及成因

（1）农与非农收入差距的现状

随着中国经济的快速增长，城镇居民与农村居民的收入都在不断提高。但是，从国家统计局公布的数据来看，农村居民收入与城镇居民收入相差较大。如1978年，城镇居民的人均可支配收入为343.4元，农村居民的人均纯收入为133.6元，两者相差2.57倍；2016年城镇居民可支配收入为33616元，农村居民的人均可支配收入为12363.4元，两者相差2.72倍。城乡居民收入增长迅速，城镇居民的人均收入增幅远高于农村居民的收入增幅，收入差距有增无减。

城乡居民收入差距往往以城乡收入的比值来表示。1978年城乡收入比为2.57，1983年曾经降到最低1.82，但在2002年城乡收入比首次超过3，达到3.11，2007年和2009年曾达到最大值3.33，2016年有所降低，为2.72。从城乡收入比的波动与变化来看，改革开放以来，城乡收入差距明显，缩小与扩大交替。从收入差距的绝对额来看，城乡居民收入差距有不断扩大的趋势。根据国家统计局资料整理可得，如表5-2所示，农民人均纯收入占城镇居民人均收入的比重始终只在30%～40%。

表 5-2　全国农村居民收入与城镇居民收入

年份	农民人均纯收入 / 元	城镇居民人均收入 / 元	前者占后者比重 /%
1991	708.55	1700.60	41.70
2001	2366.40	6859.60	34.50
2010	5919.00	19109.40	30.90
2011	6977.30	21809.80	31.90
2012	7916.60	24564.7	32.20
2013	8895.90	26955.1	33.00
2014	9892.00	29381.0	33.67
2015	10772.00	21790.3	49.43
2016	12762.00	33616	36.80

资料来源：根据国家统计局公布的《中国统计年鉴2017》整理所得。

（2）农与非农收入差距的成因分析

城镇居民和农村居民收入差距成因的考察可以有多种角度，本书主要以两者的收入来源结构角度进行分析。国家统计局在统计城乡居民总收入时，主要包括对工资性收入、经营性收入、财产性收入和转移性收入四大来源渠道的统计，对农村居民的经营性收入界定为家庭经营性收入，主要指直接来自家庭农业生产的收入。

在农村居民的收入来源结构中，工资性收入和家庭经营性收入是主要来源渠道。如表5-3所示，尽管农民收入在逐年提高，但在农民人均收入的构成中，直接来自农业生产的家庭经营收入绝对额不大，多年来增长并不明显，且在农民纯收入中的比例逐年下降，由1990年的73.8%减少至2016年的37.1%。同时，工资性收入占比2014年起有略微下降趋势，2016年达到40%。

在城镇居民收入来源的构成中，工资性收入和转移性收入是主要来源渠道。由国家统计局数据可得，2000年，城镇居民收入中工资性收入占比为71.2%，转移性收入占比为22.9%；2010年工资性收入占比为65.2%，转移性收入占比为24.2%；2016年工资性收入占比为62%，转移性收入占比为17.6%。

表5-3 全国农村居民人均纯收入情况

年份	农民人均纯收入/元	工资性收入总量/元	占比/%	家庭经营收入总量/元	占比/%
1991	708.55	151.92	21.4	523.59	73.8
2001	2366.40	771.90	32.6	1459.63	61.7
2010	5919.00	2431.10	41.1	2832.80	47.9
2011	6977.30	2963.40	42.5	3222.00	46.2
2012	7916.60	3447.50	43.5	3533.40	44.6
2013	8895.90	4025.40	45.3	3793.20	42.6
2014	9892.00	4152.20	41.9	4237.40	42.8
2015	10772.00	4600.30	42.7	4503.60	41.8
2016	12762.00	5021.80	40.0	4741.30	37.1

资料来源：根据国家统计局公布的《中国统计年鉴2017》整理所得。

通过城乡收入来源结构的对比可得，形成城乡收入差距的主要原因在于：其一，农民纯收入中，直接来自农业生产收入的家庭经营收入逐渐降低，源于农民的转移就业带来的工资性收入已逐渐成为农民收入的主要来源。但也说明农民从事农业活动的收入偏低，农业收益不高，这会导致农业的吸引力不足。其二，在城镇居民的收入构成中，工资性收入占比更大，说明城镇职工比农村居民拥有更多的就业机会和就业报酬。如2014年、2015年、2016年城镇职工的平均工资报酬分别为56360元、62029元、67569元，同期的农村转移劳动力平均工资水平分别为34368元、36864元、39300元，分别城镇职工报酬的61%、59.3%、58.1%。从就业部门来看，城镇职工就业于国有经济单位、股份公司、集体经济单位、外资公司等正规部门,而转移劳动力就业则多聚集于城市的非正规部门,两者的工资报酬和就业保障差异明显。

无论是一直以来农业收益低下导致的农民家庭经营性收入偏低造成的城乡收入差距,还是农村居民工资性收入与城镇居民工资性收入差距过大引起的城乡收入差距的存在,造成这一结构差异的本质在于城乡居民人力资本存量及积累率的不同。来自《中国统计年鉴》的数据表明,1985年,城镇居民比农村居民的受教育年限高出2.88年,1990年两者差异为2.78年,2000年为2.87年。2000年,在城镇正规部门就业的负责人、技术人员、办事人员中,各自的受教育年限分别为12.24年、13.05年、12.15年,而同年从事农林牧渔的从业人员平均受教育年限只有6.78年。在人力资本总量方面,根据中央财经大学中国人力资本与劳动经济研究中心发布的《2016年中国人力资本报告》数据,2014年,城镇人力资本总量为1223万亿元,占全国人力资本总量的81.3%。农村人力资本总量为280.6万亿元,占全国的比重为18.7%。其中,1985—2014年,城镇人力资本年均增长率在9.8%左右,农村人力资本年均增长率只维持在3.2%的水平,两者的人力资本年均增长率存在很大差异。

城乡收入来源结构视角的分析表明,两者差距的关键在于城乡人力资本差异下的农与非农就业薪酬的差距。教育增加个体能力的表现在多个方面,最终则在生产中转化为拥有较高人力资本的劳动者的收入增长,大量劳动经济学的相关研究对此也有明确揭示,即个人的在校教育延长1年,对其今后的工资贡献则多增加10%,而中国转移劳动力的受教育年限每多1年,其工资收入可增长5%。

5.4.2 农业企业化经营下农与非农就业工资差距的收敛

城乡收入差距的成因在于，城乡劳动力人力资本存量与积累率的不同，以及由此产生的城乡人力资本报酬的不同。因此，城乡就业工资差距的收敛来自城乡之间人力资本的趋同和人力资本收益率的趋同，否则，农业劳动力的择优转移将无助于改善城乡收入差距的收敛，甚至会产生加大城乡收入差距的效应。

农业的市场化和企业化经营，对农业生产者的人力资本提高起到极大的促进作用，有助于城乡人力资本的趋同。具体来说，农业的企业化经营对生产要素的优化配置能力、农业新产品的研发和推广能力、农产品市场创新和开拓能力、农产品市场风险的评估和化解能力、农业机械的应用操作能力等均提出要求，这是决定农业企业生存和成长的关键因素。舒尔茨指出，教育的效应在于提高了农民应对农业生产变化的能力，尤其在面临生存问题时。企业家才能和农业技术操作技能是农业劳动者拥有较高人力资本的体现，农业企业的效益在很大程度上取决于较高人力资本的贡献，农业企业对人力资本的现实需求则促进了现代农民的成长和人力资本的提高。农业劳动力人力资本的提高则有助于消除技能差别化的劳动力市场垄断，使农民可以在社会分层中实现由下至上的流动。

美国人类学家沃尔夫认为，作为理性经济人的现代农民，以市场需求作为现代化农业的生产起点，以农业收益与非农产业收益作为比较来进行职业选择。托达罗模型对此的解释是，理性的劳动力人口在经济比较利益的驱动下向较高收入的地区或者部门流动，这是收入较高的就业岗位和就业机会对收入较低、就业不足的劳动力产生的持续性吸引力和拉力效应，劳动力对迁出成本的计算与预期是影响其是否进行转移的重要因素之一。现代农民在面对扩展的就业选择集合时，如何进行理性选择，其扣除转移成本后的两部门的就业收入对比则成为现代农民选择在农或非农部门就业的依据。

农业企业化转变产生的规模收益效应，使农业收益率显著增长，农业部门的就业因此具有竞争力。在《农民的终结》(1967) 一书中，孟德拉斯对如何产生现代农民这一问题的回答很明确，那就是"使农业尽可能成为一个竞争性的生产部门"。在前文农民选择性就业分析中，当出现第三种情况 $h > h_U$，即劳动力人力资本水平较高时，农业部门转变为现代部门，农业劳动力扣除转移成本后的非农就业收入低于现代农业部门的收入，劳动力因此转而选择农业部门就业。其蕴含的另一面则是，随着农业人力资本作用的提高，农业部门的收益必须提高，当理性农民在面对扩展的就业集合时，将会通过农与非农就业收益的对比来决定是否选择农业就业，这一选择必然促成农业人力资本的"溢价"——相对于农业普通劳动力，具有较高农业人力资本的劳动者工资得到显著增长，农与非农就业工资的差距逐渐收敛直至趋同。伴随这一"溢价"条件的达到，现代农民的选择性就业成为可能。

农业的企业化经营形成了农业从业者的职业分化和不同类型的现代农民，农民企业家、技术服务人员、农业产业工人在面对就业选择集合时拥有的是不同的就业选择能力和就业机会。其中，农业企业家就业意味着在企业经营中成长起来的企业家或者具有高人力资本水平的农民，才能就业于此类农业人才市场，他们必然要求农业部门的就业回报率不小于非农部门的就业回报率。农业技术人员的就业，是具有较为先进的农业技术技能和较高人力资本积累的知识技能型人才的就业，其选择农业部门的就业条件和企业家才能一样，也是农业部门较高的收益，是农与非农两部门收益的权衡。农业产业工人作为农业企业的劳动力要素投入，构成农业企业的基本就业人员，由于现代化经营产生的农业新技术的应用、新机械的操作，农业工人的技术水平和职业素质有所提升，也必然要求农业工人的工资收益不小于打工收益。而其他与农业企业相关的服务保障人员，其提供服务支撑的动力依然在于农业企业以及农业部门较高的收益。其中，取得较高职业报酬和收入的实质是人力资本在农业部门得到了溢价补偿，也体现了市场交换的等价原则。只有如此，农业人才才能就业或者留任于农业部门。

因此，非农就业工资差距的收敛或趋同将成为农民选择农业就业的门槛，甚至农业部门产生的更高工资收益会成为各类人才在就业集合中优先选择农业就业的必要条件。在农业企业化经营下，农业工资率与非农工资率差距收敛这一条件达到之时，拥有较高能力的农民，可在不同的就业机会下自主选择，农民真正转型为现代农民，从事农业成为一种职业选择。当农业真正成为一种终身职业时，从事农业获得与其他部门一样的社会平均利润率。现代农民与非农产业部门就业者的区别不再是收益的不同，而是产品的不同以及生产方式、劳动者所选择的生活方式的不同。总之，在现代农民面对扩展的就业集合时，选择农业就业的条件在于农与非农就业工资的趋同，即城乡人力资本工资率的趋同。伴随这一条件的达到，能够胜任农业现代化建设任务的现代农民由此生成。

5.5 农业企业化经营与现代农民选择条件形成的实证检验

5.5.1 模型介绍

农业的现代化改变了农业组织方式，在工业化推动下，农业的企业化经营成为农业现代化的重要形式。企业化经营使农业企业具有了科学高效的运营管理机制，其产生的市场效应、技术进步效应、规模收益效应促进了各种不同类型的现代农民的成长和形成。同时，成长起来的现代农民追逐人力资本报酬的最大化，理性选择具有较高职业收入的农业企业就业，从而促进了农业企业化经营的程度。现阶段农与非农收入差距较大，其原因在于城乡之间人力资本水平的不同与人力资本报酬率的不同。在农业企业化与现代农民互相促进的机制中，农民的选择性就业要求农业人力资本的溢价，从而带来农与非农就业部门的工资收敛，形成了农民选择农业就业的门槛条件。基于此，本书选取 Baron 和 Kenny（1986）及温忠麟等（2014）[①] 提出的逐步回归中介效应检验方法，来判断农业企业化经营、农与非农收入差距收敛、现代农民成长三者之间的关系。

在中介效应模型中，自变量 X 对因变量 Y 的影响，是通过变量 M 产生的，那么 M 将成为两者的中介变量。农与非农工资差距的收敛符合中介检验模型中对中介变量 M 的定义，而且农业的企业化经营和现代农民成长即 X 和 Y 之间有双向影响作用，故在本书中将以中介效应检验模型来对三者关系进行实证检验。

温忠麟的中介效应检验流程如下：

$$Y = cX + e_1 \qquad (5\text{-}4)$$

$$M = aX + e_2 \qquad (5\text{-}5)$$

$$Y = c'X + bM + e_3 \qquad (5\text{-}6)$$

[①] 温忠麟，叶宝娟. 中介效应分析：方法和模型发展 [J]. 心理科学进展，2014（5）：731-745.

5 农民就业选择条件的转变：农业的企业化与农民的选择性就业

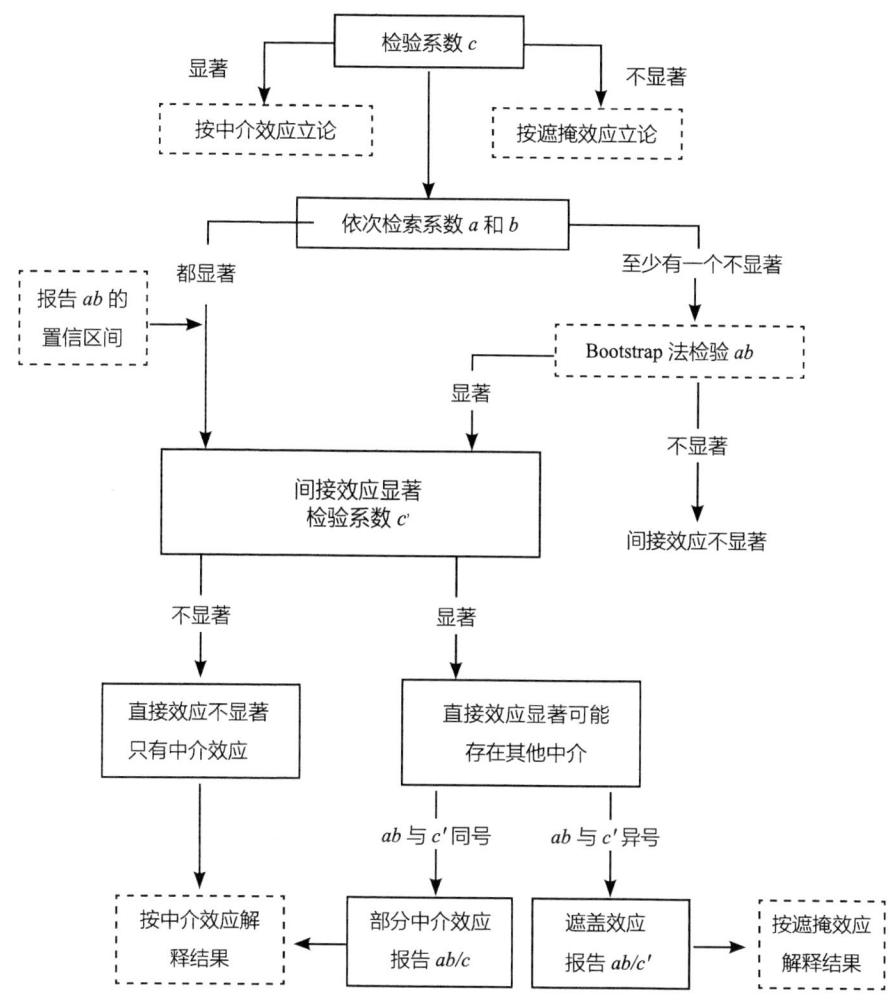

图 5-2 中介效应检验流程

第一步，检验式（5-4）中系数 c，如果 c 显著，按中介效应立论；不显著，则按遮掩效应立论，其目的在于确定自变量 X 对因变量 Y 有没有显著作用；第二步，检验式（5-5）和式（5-6）中 a 和 b 是否显著，如果两个都显著，则间接效应显著，继而进行第四步，若至少一个不显著则进

· 133 ·

行第三步；第三步，用 Bootstrap 检验，若显著，则间接效应显著，否则中介效用不显著；第四步，检验式（5-6）中系数 c'，若显著，则直接效应显著，继而进行第五步，若不显著，说明只有中介效应；第五步，比较 ab 和 c' 的符号，如果两者同号，属于部分中介效应，按 ab 占 c 的比例报告中介效应，其计算公式为 ab/c，如果异号，属于遮掩效应，以 ab/c' 的绝对值来报告遮掩效应。

5.5.2 指标确定与数据来源

农业企业化经营的法律本质是法人化经营，第一产业法人数量的多少可以最直观地反映出农业企业在中国经济发展中的整体规模与企业化程度，故本书以第一产业法人数这一指标代表农业的企业化经营程度。

现代农民无论是管理型、技术型还是农业产业工人类型，都是蕴含较高人力资本的主体，这是其主体能力的反映，受教育程度是人力资本中最主要和可以衡量的指标，本书以农村高中及以上文化程度人口在农村总人口中的比例表征现代农民的成长即人力资本水平的提高。

农与非农工资收益的差距收敛，在目前城镇居民远远大于农村居民收入的现状下，差距收敛的实质则是农民收入水平的提高。农民人均纯收入主要包括工资性收入和家庭经营总收入，前者是农民作为雇工的收入，后者是农民以家庭为生产经营单位获得的收入。现阶段中国，农业的企业化经营处于初级阶段，两种不同类型的农民纯收入来源都与农业的企业化经营有关联，而且构成了农民收入来源的主体。农民的纯收入中有来自农业企业的工资性收入，也包括农业企业化经营下农户的家庭经营总收入（如常见的公司+农户模式的农业企业化经营）。所以选择农民人均纯收入可将两种不同情况都包含进来，代表了现阶段农民的收入水平，而农与非农部门的收入差距收敛的关键在于农民收入水平的提高，故以农民人均纯收入作为表征农与非农收入差距收敛程度的指标。

因此，在指标确定上，选取第一产业法人数量、农民人均纯收入、农村居民高中及以上文化程度占农村总人口的比例来分别表征农业的企业化经营程度、农与非农收入差距的收敛程度、现代农民的成长。鉴于数据的可获得性，数据年份来自 2005—2016 年，数据来源为相应年份的《中国统计年鉴》和《中国农村统计年鉴》。

表 5-4 变量的统计性描述

Variable	Obs	Mean	Std. Dev.	Min	Max
第一产业法人数量	11	341299.9	388794.8	2023	1204724
农民人均纯收入	11	6480.809	2601.128	3254.9	10792
农民人力资本积累率	11	14.35455	1.456272	12.1	16.7

5.5.3 模型计算过程及结果

前文指出，在农业的企业化经营下，农与非农就业收入差距的收敛为现代农民生成的条件，故而，假设第一产业法人数量、农民人均纯收入、农民人力资本水平三者之间，存在企业化经营影响农民人均纯收入、农民人均纯收入影响农民人力资本提高的关系，反过来，也存在农民人力资本的提高影响农民人均纯收入、农民人均纯收入影响农业企业化经营的关系。其中，表征城乡收入比的农民人均纯收入为中介变量 m，由于农业的企业化经营与现代农民成长存在双向影响机制，故将分两种假设情况进行中介效应检验，即第一产业法人数量与农民人力资本水平在不同情况下设置为不同的 x、y 变量。

假设一及检验：

假设第一产业法人数量为 x，农民人均纯收入为 m，农村高中以上文化程度在农村人口中的占比为 y，其中 m 为中介变量。

这种检验是为了确定农业企业化经营是否提高了农民收入，使农与非农收入差距收敛，这种差距收敛提高是否推动了现代农民素质的形成，从而检验农与非农职业收益或者收入差距收敛是否为企业化经营与农民人力资本水平提高的中介变量。

表 5-5　中介效应检验一结果

VARIABLES	（1）	（2）	（3）
	y	ln$m$	y
ln$x$	−0.429*	0.178**	−0.193
	(−0.236)	(0.0578)	(−0.328)
ln$m$			−1.324
			(−1.289)
Constant	19.37***	6.607***	28.12**
	(−2.896)	(0.709)	(8.99)
Observations	12	12	12
R-squared	0.247	0.485	0.327

注：表格内每一行为变量的系数，括号内为对应的t值；***、**、*分别表示在1%、5%、10%的水平下显著。

表 5-6　Bootstrap 检验结果

VARIABLES	（1）	（2）	（3）
	y	ln$m$	y
ln$x$	−0.438	0.376**	−0.277
	(−0.34)	(−0.147)	(−2.511)
ln$m$			−1.277
			(−6.272)
Constant	19.13***	4.028*	28.73
	(4.1)	(1.901)	(26.07)

注：*** 表示 p<0.01，** 表示 p<0.05，* 表示 p<0.1。

检验步骤回顾：第一步，检验系数 c，若显著，按中介效应立论，即

5 农民就业选择条件的转变：农业的企业化与农民的选择性就业

农业企业化经营与农民收入存在正相关关系，且关系显著，可进行下一步的中介效应检验；第二步，检验系数 a 和 b，发现 a 显著，b 不显著，如表5-5结果所示，即农民收入和农民人力资本水平提高存在正相关关系且较为显著，但企业化经营与农民人力资本水平提高不显著；第三步，做Bootstrap检验，如表5-6所示结果，系数 b 依然不显著。故而，最后的结论是农民收入对农业企业化经营与农民人力资本水平存在显著相关性，因为 c、b 均显著。因此，检验结果表明，农民收入即人力资本溢价和企业化经营与农民文化程度即高素质农民形成的关系是相关的，但中介效应不够显著。

假设二及检验：

假设第一产业法人数量为 y，以农民人均纯收入为 m，农村高中以上文化程度在农村人口中的占比为 x。这种检验是为了确定现代农民在实现农与非农收入差距收敛即农民收入提高或者人力资本溢价的择业条件下，是否可以主动选择农业企业，从而更加促进农业的企业化、现代化经营。

表5-7 中介效应检验二结果

VARIABLES	(1) ln$y$	(2) ln$m$	(3) ln$y$
x	−0.578* (−0.318)	−0.162* (−0.078)	−0.192 (−0.326)
ln$m$			2.378* (−1.101)
Constant	20.32*** (4.536)	11.06*** (1.115)	−5.983 (−12.78)
Observations	12	12	12
R-squared	0.247	0.301	0.504

注：*** 表示 $p<0.01$，** 表示 $p<0.05$，* 表示 $p<0.1$。

表 5-7 的检验结果表明,系数 c、a、b 都显著,因此不用做 Bootstrap 检验,但是需要检验 c' 的系数是否显著,结果表明 c' 不够显著,结论则是直接效应不够显著,属于完全中介效应显著,也意味着在农民文化程度提高、农民收入提高以及农业的企业化经营中,农民收入提高的中介传导效应明显。按照中介效应检验模型的步骤,ab 与 c' 同号,则应该按照 ab/c 的计算报告中介效应值($a=-0.162$,$b=2.378$,$c=-0.429$,$c' = -0.192$),经过计算中介效应值为 89.8%,表明农民收入提高对于农业的企业化经营中介效应值为 89.8%。

5.5.4 结论分析

本书对中介效应检验作出两种不同的假设,产生了两种不同的检验结果,较为符合目前的现实情况,也验证了前文的理论分析。

第一种情况,第一产业法人数量、农民人均纯收入、农民人力资本水平三者之间存在显著的相关关系,即企业化经营对农民收入提高,农民收入提高对现代农民成长的影响趋势明显,但是表征农与非农收入差距收敛程度的农民人均纯收入这一中介变量指标,其中介效应不够显著。不够显著的可能原因为:其一,目前农民收入水平较低,转移劳动力工资收入低下,城乡收入差距较大,农与非农收入水平不够收敛,或者收敛趋势不明显,人力资本在农业部门的溢价远未实现,因而农与非农收入差距收敛没有达到预期的中介效应效果;其二,前文分析中提到农业企业化经营通过"推力"和"拉力"促进现代农民成长,推力来自农业企业化经营的市场效应、技术进步效应、规模效应对于各类现代农民成长的促进,"拉力"则来自农业化经营带来的农民收入增长,是农民自身人力资本投入增加的物质前提,进而拉动了现代农民人力资本的提高和现代农民的形成,因此农业企业化经营下的收入效应只是促进现代农民成长的原因之一;其三，本书第4章论述了农民人力资本水平的提高和现代农民的成长有来自工业化背景下劳动力选择性转移的动因，加之人力资本的准公共物品性质使政府以持续加大农民培训教育经费等方式来不断提高农民的人力资本水平。由此可见，农民纯收入这一中介变量检验的结果，之所以中介效应不明显，其实可以理解为，农与非农就业差距的收敛即农民收入的提高是现代农民成长的一个必要条件而非充分条件，说明现代农民的形成条件还应该辅以其他途径。另外，这一检验结果的意义还在于，农与非农的中介效应尚未达到，说明农与非农收入差距收敛没有达到预期，接下来促进现代农民成长的政策实施中应该注重提高从事农业的收益，直至达到从事农业的收入与非农产业从业者收入大体均衡这一从事农业就业的门槛条件。

第二种情况，农民人力资本水平、农民人均纯收入、农业企业化经营三者关系中，农民人均纯收入表征城乡收入差距收敛的这一指标作为中介变量，中介效应十分明显，具有完全中介效应。其所表明的关系是，现代农民的成长，提高了农民收入使农与非农收入差距收敛，工资差距的收敛又促进了农业的企业化经营。在这样的影响机制下，表征城乡收入差距收敛的农民收入，具有完全中介效应，经计算，其中介效应值达到89.8%。这一检验结果验证了前文中对现代农民生成条件的揭示，即具有就业选择能力的现代农民在面对扩展的就业集合扩展时，会通过农与非农两部门农就业收益的对比来决定是否选择农业就业，当农与非农就业工资大体持平或者收入差距的收敛逐渐趋同这一条件的达到时，现代农民选择农业就业成为可能，且伴随这一条件的达到，现代农民由此生成。同时，在此检验中农民纯收入的完全中介效应表明，唯有农民收入提高，才是农民选择农业就业的必要而充分的条件。否则，即使拥有较高的人力资本，农民也不会选择农业部门就业。这一结果对促进农业人力资本提高，进而实现农业现代化、农民现代化的政策措施提供了有力依据。

农民选择能力的提高，进一步促进了农民非农就业概率的增加，城市现代部门的经济规模扩张和农业的现代化进程也因此加速。本章研究表明，作为农业现代化的必然发展趋势和重要形式的农业企业化，其实质是农民就业选择集合扩展及农村人口生产偏好转变所引致的农业生产组织的变迁，是农村市场经济发展到一定阶段对运营机制的客观要求。农业企业化经营产生的系统性、关联性变化，能够促进现代农民的成长和农民就业条件的转变。企业化经营所需要的新技术操作技能和企业家才能等，形成了对农业人力资本的要求，促进了各种类型现代农民的成长。在开放流动的劳动力市场下，农业劳动力的大规模转移推动了农业技术类型升级和生产组织变迁，农业人力资本得到提升和深化，从而导致城乡人力资本差距变小。在农业的企业化经营下，规模效应带来农业收益率显著增长，劳动者从事农业必然要求其职业收入与非农产业从业者大体均衡。农与非农之间的工资差距的收敛和趋同，即农业人力资本的溢价，成为现代农民选择农业就业的充分必要条件。

6 现代农民成长的国际比较及经验借鉴

发达国家的现代化农业主要有北美、日韩和西欧三种不同模式（Nikolova，1996）。北美模式的特点是自然资源较为充裕，劳动力资源相对短缺，倚重于机械化和规模生产；日韩模式与北美模式相反，劳动力资源相对充裕，土地资源稀少，人地比例关系紧张，农业难以进行大规模、机械化生产，劳动生产率的提高依赖于科技进步，倚重小型机械来精耕细作以提高土地产出率；介于北美模式和日韩模式之间的西欧模式，既不像北美模式那样缺乏劳动力，也不存在日韩模式中土地稀少的问题，其劳动生产率和土地生产率的提高来自机械化普遍使用和土地精细耕作的并举推行。

发达国家的资源禀赋和农业发展模式各有不同，现代农民的成长路径与培育模式也有所不同。美国、日本、韩国等农业发达国家，从事农业生产的人数占比较低。根据世界银行的统计数据，2015年，美国农业就业人数为242万，不到总就业人口的2%。中国同期的农业人口为21919万人，与美国农业的人口之比达到90∶1，美国的粮食出口量却是全球第一。同时，日本、韩国第一产业就业人数占总就业人口的比例分别约为3%和5%，中国这一比例却达到25%～30%。与农业发达国家第一产业从业人员减少的事实相伴的是，农民受教育程度普遍较高。2015年，中国农村劳动力人口中高中及大专以上学历比例为12.5%，而美国、日本、韩国农村劳动力人口中达到高中及大专以上教育程度的比例分别为 61.1%、39.9% 和 35%。

任何模式的农业现代化的实现，都取决于对现代农民的培育和成长的助推。因此，在发达国家现代农民培育与形成的国际案例分析中，选取美国、法国、日本作为北美模式、西欧模式、日韩模式的典型代表来展开讨论与分析，主要从各个国家对农民就业集合的扩展即非农就业机会的创造与提供、农民主体选择能力的提高、农业择业条件的形成与转变方面进行解读与借鉴。

6.1 发达国家现代农民培育与成长的案例分析

6.1.1 美国现代农民的培育模式与成长途径

美国的资源禀赋特点是土地充裕，国土面积 22.6 亿英亩，其中 9.2 亿英亩是耕地面积。但美国的劳动力稀缺，目前的农业人口不足总人口的 1%。以现代农业著称的美国农业，农场规模很大，偏重于劳动力节约型机械化的使用。据美国农业部统计，2002 年以来，美国农业净收入几乎一直呈上升态势，2012 年为 1138 亿美元，2013 年增长至 1310 亿美元。2017 年，美国农业出口额达到 1405 亿元，创下历史新高。从 GDP 占比来看，第一产业占比虽然不高，但农业是美国的重要发展战略之一，农民的地位也很高。在美国建国初期，农民甚至被树立为经济典范。美国农业在 20 世纪前 20 年发展迅速，农业技术进步较快，农产品在旺盛的需求拉动下，价格高、产出大，这一黄金发展时期对现代农民的形成至关重要。

（1）促进农民就业、扩展农民就业集合的政策措施

① 促进工业化、城镇化的劳动力转移政策

劳动力转移对美国的工业化、城镇化有巨大的推动作用，加速了美国

的文明进程，促进了美国农业的现代化。美国的农业人口转移始于19世纪30年代，一直持续到20世纪70年代，与之伴随的是农业人口占总人口的比重从1830年的63%持续下降至1960年的6.6%、1971年的3.1%和当前的1%。农业劳动力转移的方式灵活多样，以自由迁徙为主，转移方向为农业边疆和城市，在部门上有向农业内部的转移、向城市非农系统的转移、向乡村非农系统的转移。不同的转移形式有平行有交叉，有广度有深度。美国政府十分重视劳动力的转移，制定出一系列促进农民离农就业的土地政策和替代农业劳动力的农具改良运用政策以加速农民转移。1785年通过的土地条例和加速西部转移的《西北准州条例》对移民的基本权利如生命财产权进行担保，目的在于鼓励劳动力西迁，其后不断修改土地政策，以鼓励为主，加速西部开发和人口向西转移。此外，政府支持农具改良运用，制定相关政策，以农业机械化来代替农业劳动力，使农业雇工人数减少，目的在于加速农业人口转移。农业发展经历了工业化初期的半机械化、近代农业机械化、现代农业机械化的历程，形成了农民离开土地、非农就业以及农民现代化的良好助推条件。

②完善的市场化支撑体系

美国市场经济的发达程度被全世界所公认，具有城乡统一的各种市场和市场体制，包括劳动力市场、商品市场、金融市场等高度发达的市场类型，推动了各种生产要素的自由流动和农业产品的流通，带来诸多就业机会，促进了劳动力的自由流动。发达的市场分工推动了农业的专业化发展，农民的培训教育等也是由市场化机制来运作。家庭农场的商业化培育，成就了很多大型农业公司，使它们成为全球有名的大企业。正是这样的大企业，使美国农业得到更大优势，在国际农业市场上具有很强的竞争力。美国农业的产业化程度很高，大型农产品加工和销售类企业占据主导地位。完善、发达的市场体系培育出了控制全球 80% 粮食交易量的超大型农业跨国公司。全球四大粮商美国就有 ADM、邦吉和嘉吉公司 3 家。世界排名前十的食品加工企业中,美国占据 6 家,其中的佼佼者就有卡夫和泰森公司。美国的沃尔玛位居全球十大食品零售商之首,除此之外,美国还有其他 4 家全球知名的大型食品零售商。这些大型农业公司具有极强的竞争优势,粮食加工、储运和贸易位居世界前三。市场经济的发达,为农民的多层次、多渠道就业提供了极大的机会。

(2)提高农民就业选择能力的人力资本投入政策

美国农民的数量只有 150 万,其农业收入却在 1300 多亿美元。相比之下,我国农村人口达到 5 亿人,农业收入不及美国农业收入的 1/2。其主要原因之一在于,美国大部分的农场主和农业劳动者都受过高等教育,农业劳动者人力资本水平较高,劳动产出率大。农民较高的人力资本和职业素质得益于美国发达的农民教育培训体系,农民培训教育历史有 140 多年。受高度自由市场经济的影响,美国现代农民的培训教育模式以市场化运作为主,以政府作用为辅。

① 农民教育培训

第一,为农民教育培训提供健全的法律保障。美国政府为了提升和改变农民的地位,在 19 世纪起就以各种法律形式保障、加强农民的教育培训和人力资本投入。1862 年的《莫雷尔法案》,奠定了农民教育的基础。其后短短 50 多年间,美国政府先后颁布了《哈奇法》《乔治—里德法案》和《乔治—迪尔法案》等法律法规,对于农业培训的部门、体系、课程、资金支持等进行了一系列法律法规的制定。其后,美国一直不间断地对培育农民的相关法案进行修改,如 2002 颁布的《农业法》,专门针对农场主的基础教育、农业能力、农业技术、资金投入等方面予以极大支持,并将范围扩大至土地交易、技术创新、融资等。该法还将申请农民培育计划机构25%的经费作为预留，用于支持新的弱势农场主、农业工人的培养，一次性拨款800万美元来支持青年农民的农业组织。为了提高本国雇工的技能水平，实施农业就业与职业基金项目，为农民提供培育培训补贴、交通住宿补贴。农民的人力资本投入需要大量的资金作为保障，在资金支持上，通过多部农业法规明确规定农业培训的具体额度，以补助形式鼓励农民参加职业教育培训，以税收减免、贷款优惠等方式吸引农村青年和大学生回乡。此外，制定了推动公共安全通信系统发展、高校与土地基金合作的相关法律法规。这些法律法规为现代农民主体能力的提高提供了全面的成长环境。

第二，实行"双轨制"的农民职业教育体系。"双轨制"是指美国的农民职业教育有正规农业教育机构和一般性推广机构两种。前者始于19世纪初美国政府对农业院校资金土地等的支持法案的颁布，促进了当时初、高等教育规模的极大发展。美国的专业教学不局限于教学科研，还有农业技术的推广与应用。因此，农业院校的职责是教学、科研与技术推广，教师承担的三大任务比例大致为50%、25%、25%，对于教师的理论及实践能力的要求，保证了农业技术的推广与应用。而一般性推广机构的形式遍布美国各州各县，还有州立性质的农业试验站。尤其是20世纪50年代以后，美国政府设立了3000多个农业技术推广站，通过培训与技术推广提高农民科技水平，使美国农业的劳动生产率得到极大改善，这也是解决美国人口老龄化的措施之一。这些机构的侧重点在于对农村进行管理和对当地农业经营者进行农业技术、农业加工和农产品营销方面的培训，范围包括养殖种植、园艺设计、农业机械使用等知识，形式多样。如以农村地区学校为载体，针对青少年、现代农民培养的4H计划，即头（Head）、双手

（Hand）、心灵（Heart）和体魄（Health）的全面培养，培训内容涉及农业生产技术方法、农业经营管理等方面，协同非政府培训组织进行培训，提高了美国农场主、青少年的农业从业能力。除4H计划外，以农业技术推广机构为主体，为农民提供多种培训项目，辅以农场孵化器创业培训、资本投资等内容，还将农业旅游、乡村环境治理等内容纳入其中，使农民教育水平、科技能力、职业技能得到全面提高。

②建立农民职业准入制度。

美国的农民准入制度严格完善，主要目的在于改变农民传统落后的地位，提升农民的职业竞争力，认可与尊重农民这一职业。来自美国农业部的数字显示，20世纪30年代中期，美国有680多万个农村，截至2014年减少到250万个，农民数量也由1.2亿人下降至2014年的150万人，主要原因在于美国农民资格严格的准入机制。农民准入制度对农民资质、农业土地买卖的审查严格，极大地保证了农民职业的稳定性。农民准入的资格证书有技术教育证书和职业技能证书两种，配有农业绿色资格证书。相应证书是进入农业领域就业的依据，只有资格证书的拥有者才可购买和继承农场。准入制度还体现在农场主的等级限制、农民数量的严格统计上，辅以农民注册制度的推进，使注册农民可以有相应政策支持，从而获得更多的农业资源。严格完善的职业准入，确定了农民的社会地位，也保证了农民具备一定的职业素质。

（3）提高农业收益、助推农民就业条件转变的政策

①农业保护和补贴政策

美国是农业补贴实施最早，补贴条款最多的国家，是全球农业支持保护力度最大的国家之一。美国农民收入较高，政府对农业的补贴名目也多。早在20世纪30年代，美国就建立起健全完整的农业保护体系。美国

农民的收入有 1/3 源于农业补贴，相较而言，我国农业补贴不足农民收入的 4%。美国农业补贴条款复杂，名目繁多，范围覆盖 20 多种农产品，有目标价格与实际价格的差额补贴、灾害补贴、作物保险补贴等多种类别。美国国会预算办公室估计，农业部在 2006—2017 年的 12 年内，提供的补贴高达 879 亿美元。发达的补贴制度和高额补贴，提高了农业收益和竞争力，增强了农业的吸引力。

② 促进规模化和企业化经营的土地政策

美国农场数量巨大，最多时达到 1935 年的 680 万个，至今仍有 200 万多个。在 20 世纪 90 年代末以前，农业经营的基本单位是家庭农场，在农业组织中的比例为 90% 左右，也是农业企业化经营的基础。美国大多农户就是企业主或者农场主，美国农产品商品率高达 90%，且出口量占全球市场的 30%。农业合作组织目前有 4.8 万个，加工的农产品占农产品总量的 80%，是推进农业现代化的中坚力量。全国化肥、农药的供应有 44% 源于合作社。美国的农业产业体系由一系列企业组成，与我国的常见模式"企业+农户"有所不同，各个企业从事的是不同的经营环节，可分为专一性经营和混合型经营，所以既是专业化经营也是企业化经营。

在促进农业的企业化、规模化经营上，政府颁布了很多土地政策以利于土地的集中。如 1862 年的《宅地法》规定，10 美元就可占有不超过 160 英亩的土地，移民在耕种 5 年后就可以合法拥有土地产权。随后，《育林法》《林木及石料法》等相继规定，耕种者植树达到 40 英亩可占有 160 英亩土地，2.5 美元的单价可购买 160 英亩土地。在各种土地分配政策的推动下，1860—1900 年的 40 年间，美国的耕地面积增加了 4.32 亿英亩，农场数量达到 440 万个（见表 6-1）。土地法案的实施促进了耕地的大量集中，为美国农业的企业化、规模化经营奠定了基础。

表 6-1　1860—1900 年美国农业统计

年份	1860	1870	1880	1890	1900
农场数/百万个	2.0	2.7	4.0	4.6	5.7
耕地面积/百万英亩	407	408	536	623	839
从事农业劳动人数/百万人	6.2	6.9	8.6	10.0	10.7
农业总产值/10 亿美元	2.2	2.6	3.9	4.6	5.8
农业工人人均年产值/美元	332	362	439	456	526

资料来源：U. S. Department of commerce, Bureau of the Census。

③ 金融支持政策

第一，农业信贷。针对农业融资难的问题，美国一直以来大力支持农业信贷与融资，其金融支持分为合作性金融和政策性金融两种模式。以农户信贷为主的合作性金融，目的在于适应农业融资的需要，降低资金成本、提高农业竞争力。1985 年颁布的《农业信贷法》设立了以农户信贷系统为主的合作性金融，使信贷系统发生了结构性变革；2009 年修订的《农业信贷法》又旨在解决农场主与相关部门之间的贷款纠纷问题，为此专门提供贷款。隶属美国农业部的政策性金融是合作性金融的重要补充，以政府农村信贷系统为主，为政府农业补贴的实施和农村公平发展提供金融支持。主要内容包括成立商品信贷公司，在出现农业危机时对农产品实施保护，还负责发放农业补贴和短期农业贷款；成立农民家计局以改进农业生产条件，主要职责是支持农村开发和农业生产，配合农业政策的实施；设立农村电气化局，提供农村基础设施的建设资金和发展援助，具体如农村电力、通信等长期贷款。

第二，农业保险。农业生产者因为气候原因减产歉收的风险很大，与中国相比，美国的农业保险种类多，覆盖面广。美国政府 1983 年颁布了《联邦农作物保险法》，针对自然力原因对自产区自愿投保的农户进行投保,其后修订的《联邦农作物保险改革法》范围有所扩大,不再只限定于主产区的主要作物保险。继而 1996 年推出农作物收入保险,将农民收入影响因素又扩展至价格影响因素。2000 年再次修订《联邦农作物保险改革法》,对保险范围进一步扩大至牲畜等险种。其后,2013 年的《改革和风险管理法案》以及 2014 年的《农业法案》,继续加大对农业风险的防范。预计此后 10 年,政府的财政预算用于农业保险将高达 898 亿美元。

美国目前的农业保险主要有四大类:一是巨灾风险保险,属于强制性保险类型,主要针对洪涝、旱灾等不可抗拒的自然原因造成的损失,最高赔付为农产品市场价格的 60%。由于具有强制保险性质,政府规定,对未投保此巨灾风险的农民,不予提供农业信贷、价格支持等优惠待遇。二是额外风险保险,属于自愿保险类型。其担保产量比巨灾风险保险高,达到 65%～75%,最高赔付额为农产品市场价格的 100%。三是区域风险保险,这种保险担保产量更高,达到区域内预期产量的 65%～90%,保险金额达到区域预期收益的 150%。四是非保险救济项目,这类保险主要针对的是未被巨灾风险保险涵盖的农作物,种类多达十几种。当自然灾害导致产量降低,且低于正常年份平均产量的 65%,或者发生的单独损失超过正常平均产量的一半时,可按照市场价格给予 60% 的赔付。可以说,一系列农业保险法的制定与实施,以及多种类型的农业保险品种,是美国农业强有力的风险防范保证。

6.1.2 法国现代农民的培育模式及成长途径

法国位于欧洲西部,农业发展代表欧盟的最高水平,农产品出口量仅次于美国。法国的资源禀赋介于美国与日本之间,农业资源较为丰富,耕地面积较大,其农业生产值、粮食产值、牛肉产量居欧盟第一位,是世界上农业最发达的国家之一。二战之后,法国农业发生了极大变化,农产品产量大幅增长，农业净产值不断增加，农民收入持续提高。法国以全国人口占比1%的农民数量，2800万公顷可耕地，每年创造出700亿欧元的农产品总值。作为一个农业发达高效的国家，很大程度上得益于对农业生产经营主体——现代农民的培育。而且，在法国，居民职业平等的意识很强烈，"农民"的地位与教师、律师等职业一样平等而受到尊重。

（1）促进农民就业、扩展农民就业集合的政策及措施

① 工业化、城镇化下的农业劳动力转移政策

法国政府在工业化初期就非常重视农业劳动力的流动问题，出台了一系列政策以推动劳动力的非农转移和就业，为现代农民的成长和形成提供了较好的前提条件。在非农转移和就业方面，一方面大力发展中小城市以增强其就业吸纳能力，另一方面鼓励工业企业到乡村分散发展。首先，为了促进城镇化发展，大力支持中小城市发展，培养除巴黎以外其他城市的就业吸纳能力，以吸引更多的农业劳动力。其次，政府还通过对工业企业的资金资助和各种税收优惠，鼓励其分散转移至乡村和落后地区发展。针对农业劳动力转移和就业的相关措施，以鼓励离农和吸引农业就业两种举措并举。在20世纪70年代初设立的农民离农补贴，属于非退休性质，对达到退休年龄的农场主或者自愿离农的农户通过发放一次性终身补贴的方法鼓励其退出农场经营。法国政府建立了"调整农业结构行动基金"，针对愿意转换职业到农业领域就业的人员给予资金补助，对其予以鼓励和资助，并对改换农民职业的人员提供农业知识培训的交通费和生活费，以最大限度地降低其职业转换成本，使进入农业领域的人员更易找到合适的农业岗位。在农业机械化的使用上，通过农业机械技术与生物技术的并重运用，有效提高了农业生产率，促进了农民的非农转移和就业。

② 发达的市场化体系

作为世界上最发达的市场经济国家之一，无论是在农业领域还是非农领域，法国的市场体系都很健全。法国将市场开拓作为重点，农产品的产量较大，但是农业生产的商品率高，购销稳定，农产品生产销售环节的管理严格规范。大部分农产品的成交方式是市场拍卖，尽管市场竞争激烈，但是拍卖过程公开公正有序。法国农产品的内销外销市场都很发达，具有强大的农产品出口体系，很难发生农产品市场销售困难的情况。法国将扩大对外贸易作为农业发展的重大举措，其面粉和麦芽的出口量居世界第一位，其次为淀粉和淀粉派生品，谷物出口的盈利相当于进口石油所支付费用的一半。其谷物贸易机构很注重贸易竞争力的提升，在全球范围内出售谷物的能力很强，甚至不需要使用欧盟的公共贮藏设施。发达的市场经济下，法国各行业的分工体系也十分精细健全。农业生产的专业化、标准化以及农产品加工体系的规范与发达，都是法国市场化体系完善的特征表现。金融资本遍及各个产业，随着农业资本投入的不断深化，市场越发成为农民生活生产的重大依托，市场功能益发强大。农民的收入受到市场行情、规模及价格变化的影响，在发达的市场交易中，农民充分认识到农业的价值和自身劳动的价值。因此，法国发达的市场体系为农民提供了职业发展的动力和广阔的就业空间。

（2）提高农民就业选择能力的人力资本投入政策

① 健全的农民教育培训体系

法国的高效农业很大程度上得益于法国对农民教育的重视，其70%的农民具有高中及以上文化程度。法国1960年颁布的《农业教育指导法案》，奠定了农业教育培训体系的基础，该法案详细规定了培训教育的政策保障、主体机构、培训内容与方式等。政策规定18岁以上的农民参加农业知识培训的时间最少为一年（可累计），18岁以下的农民需先培训3个月再实习3年，经过考核后颁发绿色教育证书，凭此证书可向政府申请贷款优惠。农民教育的基本准则是理论结合实践，注重市场和农业生产的实际需要，培训内容需要经过大量实证调查，随时更新课程设置，注重时间安排上的季节性。在教育机构设置上，建立起政府主导下的一体化教育培训机构，由农业职业技术学校、成人培训中心、职业教育中心的教育培训机构组成，有社会培训和企业培训、公立学校与私立学校并存的网络式农民教育平台；在教育培训层次上，设置针对独立农业经营者或者农业工人的中等职业技术教育，有针对农业技术、工程师以及研究生水平的高等农业教育和农民长短期职业教育三个层次。在教育培训的形式上，由于不同培训对象对培训内容的需求不尽相同，与其他发达国家一样，法国的培训教育也是多种形式并存。按照农民的文化程度、需求、性别等来量身定做不同形式的培训，具体如现场教学、讲座、培训班、国家交流等，时间长短也各有不同。在健全的培训体系下，针对不同的农民群体展开培训，覆盖面广泛。培训对象除了对农民的培育培训，政府也会在非农人口中进行选拔，优选一批有志于从事农业的青年加以培训，并对其进行奖励。

② 实行农业资格准入制度

与美国等其他国家一样，法国也实行严格的农业准入资格，规定农民必须接受培训教育，考核合格取得资格证书后才能进入农业领域从事农业生产经营活动。资格证书的取得非常严格，类型也比较多样，其中最主要的是农民的职业资格证书，以培训者的能力和学习时间分为四种，分别是农业职业教育证书、农业专业证书、农业技术员证书与高级技术员证书。与证书配套的政策是，政府对于拥有资格证书的农民的提供资金支持和农业扶持，凭此证书可享受一系列国家优惠和农业补贴，如低息或者免息贷款，用于土地和农业机械的购置。例如，对拥有农业资格证书或者同等证书的青年农民（年龄在21～35岁），有3～5年从事农业的实践经历，耕地面积在12公顷以下，可以提供购买田地或者经营农场的资金，年息较低，偿还期长达二三十年。

③建立农业科研体制，提高农民科技水平

法国农业科研水平的提高和农业技术的应用离不开对农民的教育培训，科研体制的建立与农业技术的推广提高了农民的科技能力。20世纪60年代法国政府颁布《农业教育法》，除确立健全的农业教育体系外，在农业科研方面，也有更多的经费保障和投入。法国的农业科研机构数量众多，除了高校科研机构，还有农业部领导下的农业研究院和机械化研究中心等，农业研究人员达到1万多人，每年经费投入大约在5亿欧元。科研机构的建立对农业推广、农业技术进步有很大推动作用，也提高了农民的科技能力和科学素质。农业科技推广的做法包括：政府建立众多农业科研推广机构，全国农业发展协会就是主要的推广机构之一；通过各种宣传媒体和宣传渠道，对农民进行先进农业技术和农业知识的宣传与讲座。农业科研机构的建立、科研经费的投入以及科研研发与推广应用，提高了农业生产效率和农民的科技水平，最终提高了农民的就业能力。

（3）提高农业收益、助推农民就业选择条件转变的政策

①对农业实施各种补贴

法国对农业的保护措施很多，补贴名目繁多。如对农业生产进行的直接补贴和间接补贴，直接补贴用于农产品价格支持，这种补贴会产生市场扭曲效应，也容易招致其他国家的贸易报复，所以法国更多的是对农业生产的间接补贴。间接补贴主要是农产品在生产供给环节的各种补贴，如农产品的停产补贴、生产补贴、林耕补贴等。另外，为了支持农村发展，政

府对农村发展的福利保障、环境生态、青年农民安家、农业生产、恶劣自然条件等实施补贴，全方位地对农村农业发展给予补贴和扶持。此外，还针对林业发展提供林地治理、林业生产补贴。为了保障农业补贴的顺利实施与执行，在补贴的发放与管理上，财政部负责补贴金额的预算，农业部负责补贴措施的制定，谷物办负责补贴金额的发放。据估计，2014—2020年，法国农业的补贴额度将会达到637亿欧元。

② 促进规模化、企业化经营的土地政策

规模经营是家庭农场和农业企业化经营的基础。家庭农场占农业组织的81%，其他经营形式还有农业合作组织和农业资本公司等，与农业经营相关的服务业也很发达。为了利于土地的集中，1960年《农业指导法》制定了一系列土地、信贷、税收、价格等政策。其中，关于农场继承权的政策规定是，只能由农场主配偶或其中一个子女来继承农场，其他继承人只是获得农场继承金。在此政策的实施下，很多农场经营者放弃了相当于农用地1/4规模的土地，法国农业人口在50年间也下降了2/3。在土地出售的完整性上，政府成立了"土地整治和农村安置公司"，此类公司可以优先购买土地，在对土地合并改良后，以较低价格转售给农业组织。另外，在购买土地时，对农民提供贷款优惠。经过土地政策的大力推动后，法国的小规模土地经营明显在数量上有所下降，50公顷以上的较大规模农场数量或者农业企业组织大量增加。世界银行数据显示，近年来，法国每人耕地面积达到0.28公顷。

③ 金融支持政策

在支持农户的农业生产方面，农村信贷以商业金融为核心，以农业信贷集团的金融业务为主。农业信贷集团是由中央机构领导，包括地方及地区金融机构，会员主体是农户，是一个三层级的运作机制。具体由地方金融机构吸收存款交与地区金融机构，地区金融机构负责审核会员贷款资格并发放贷款，多余资金上交中央机构统一管理使用。

在农业风险防范方面，法国政府很早就成立了互助保险公司。18世纪40年代成立了对农作物自然灾害原因造成的风险进行投保的互助保险公司，这是法国成立的第一家地区性农业互助保险公司。1986年又成立了农业互助保险公司，专门负责农业保险及相关业务。随后，又成立了农业再保险公司，以分散风险，更加有效地防范保险风险，扩大保险范围。为了提高农户的投保率和投保意愿，法国对农民的保险费实行高额补贴，农民实际支付的保费很低，政府补贴率通常能达到实际保险费的50%～80%。另外，政府对关系国计民生的农产品实行强制性保险制度。

6.1.3 日本现代农民的培育模式及成长途径

日本的资源特点是人多地少，人均耕地只有0.03公顷，这一点与美国刚好相反。经过二战后60多年的发展，日本在资源不足的情况下却实现了农业现代化，主要归因于高度的非农化和城市化水平，农业生产中机械化的广泛使用，发达的科研体系、农业服务体系，以及较高的农业劳动力素质和农业产出。日本通过一系列促进农业劳动力非农转移、加大农民人力资本投入的政策推动农民从传统到现代的转变，是先天不足类型国家农业现代化、农民现代化的发展典型。而且，日本人地比例关系紧张，以农户为农业生产经营单位的模式与我国有相同之处。

（1）促进农民就业、扩展农民就业集合的政策措施

① 促进工业化、城市化的农业劳动力转移措施

与美国劳动力的自由迁徙方式不同，日本的农业剩余劳动力转移以政府调控为主。日本的劳动力转移过程是20世纪初至20世纪末，虽然日本启动工业化的时间比英国要晚一个多世纪，但是其劳动力转移速度却很

快。在二战后不到 40 年的时间里,日本农业劳动力由占总人口的 80%下降到 54%,其后又加速下降至 1980 年的不足 15%。在促进转移劳动力就业上,日本政府在 20 世纪 70 年代就出台政策,要求工业与农业、城市与农村协调发展,规定 5 年内建立起各类大规模工业区,发展劳动密集型工业,以吸纳 60 万农村劳动力的就业。日本不同于美国、法国之处在于,第二产业的就业能力不同于其他发达国家,主要依赖于第三产业的发展和就业吸纳,具有的外贸型经济和工业化的后发优势,是日本产业发展的优势之一。还有一个不同于美欧农业发达国家的重要特征是,日本劳动力转移主要以兼业方式来进行,随着农业的发展,兼业农户的占比逐渐上升,这种情况的出现和日本的农业外劳动力严重不足、人口老龄化有关。所以,在转移劳动力的同时,日本政府极其注重农业机械化的使用和农业科学技术的研发应用,以替代劳动力的离农转移。可以说,日本劳动力的转移及转移中出现的兼业化,为日本工业文明和城市化的高度发展创造了良好条件。

② 完善的市场经济体系和机制

日本政府《禁止垄断法》的颁布及政府管理的加强,有助于营造高效、公平的市场竞争氛围,形成有效的市场竞争结构,为转移劳动力的自由流动和职业选择提供了良好的环境。一方面是发达的第三产业和密集化工业提供的就业空间,另一方面是发达的农业市场化分工和产业化模式提供的涉农就业。富有特色的"一村一品"模式始于 20 世纪 70 年代的日本,这也是近年来我国农业借鉴和采用的发展模式。"一村一品"的思路是以比较优势结合当地自然资源,开发现有农业资源,因地制宜地发展每个村庄或者县区的特色农业产品。在"一村一品"的开发模式下,农业产品不断动态发展和更新内涵,销售流通速度很快,很多地方以农民直销的模式,或者建立无人销售所。"一村一品"的具体操作是各种涉农产业和组织共同组建"一村一品"协会,负责农业产品的制订与生产计划,县政府建立起农业研究小组对制订的方针计划进行技术支持,并在资金上给予资助。另外,以贸易立国的日本,商品出口量很大,据统计,1955—1975年,日本的出口量每年增速高于世界出口量的2倍,发展迅猛。贸易结构也不断升级以适应国际市场需求,由最初的纤维制品、棉织品转向钢船舶汽车、钢铁,继而转向目前的机械、汽车、电子智能产品等。内外发达的市场经济,极大地扩展了农业劳动力的就业空间。

(2)提高农民就业选择能力的人力资本投入政策

①农民教育和培训

日本农民中,具有高中学历的在总劳动人口中的比重为75%左右,大学学历的比例在6%左右,农民受教育程度很高。而我国截至2017年,农民高中及以上文化程度的比例还不足20%。日本和其他发达国家一样,十分重视农民的教育培训投入。农民教育培训体系的设置是,由国家统一规划和领导,农业部门与其他相关部门分工合作,教育主体机构由教育系统承担,其他系统予以配合。在教育机构设置上,有农业大学、综合性大学的农学部、类似于大专的农学院以及农业职业技术学院,形成了五个层次,由高到低依次为大学本科教育、农业大学校教育、农业高等学校教育、就农准备教育和农业指导教育,每个层次有不同的培养目标。大学本科教育的主体是综合性大学、高等农业院校,目的在于培养农业教学人员、农业高科技人才,与我国有相似之处,这类培养对象一般不直接就业于农业生产。农业大学校教育培养的是中青年农民,类似于我国的大专和中专教育。农业高等学校教育的目标是培养农业的应用型劳动者,直接就业于农业生产,主要对初中毕业生和青年农民进行培养。就业准备培训是一种短期培训，主要针对即将进入农业领域的青年大学生、有志于农业就业的城市人员或者其他失业人员。农业指导教育是针对新进的农业就业者，在完成以上几个层次的教育培训以后，根据需要，接受当地有农业指导资格的农民的就业指导。可以说，五个层次由高到低密切配合，针对不同人群展开教育培训，有效地保证了农业发展对农业各层级人才的需要。

② 以农业科研提高农民技术水平

日本世界闻名的特色农产品和发达农业，离不开农业科研及科学技术的推广与应用，对于农民科技素质和收入水平的提高作用重大。日本早在明治维新时期就建立了国家农业科研体系，其特点是中央到地方进行科研体系的分级，在农业科学研究上注意西方先进技术与自身禀赋的结合。从日本农业人口发展趋势来看，全职农民数量近年来急剧减少，由10年前的220万人减少到目前的不足170万人。农业人口减少和老龄化趋势，使日本的农业技术研发更有压力和动力。一直以来，日本在不断研发新的农业技术，利用技术创新来替代农业劳动力。在2016年的贸易展上，日本的农业高科技公司展示出农业种植工厂、农业机械的自动化和IT结合的系统，其农业机器人规模也日益发展壮大。日本的特色农业新奇独特，如最先广泛应用的观光农业公园里玻璃温室栽培、营养液栽培等技术，农业科技居世界领先水平。对于农业技术的推广运用，日本建立专门的农产品研发试验所和农业试验场，形成了农业研发与推广的双规制模式，中央的农产品研发实验所将科研成果送到地方农业试验场进行试验，若试验成功则进行农业技术讨论，讨论通过再将成果交与县农村试验场再行试验和讨论，形成了一个从中央到地方、从区县到农村的推广渠道和科研与实验并举的科研体系。高技能农业科学技术的引入在帮助农民管理农作物、提高农业产出的同时，也提高了农民的自动化操作能力、农业科技水平和职业素质。

（3）提高农业收益，助推农民就业条件转变的政策

① 农业保护政策

日本对农业实施的是高度保护政策，主要手段是农业补贴与进口保护，覆盖范围比较广泛。早在1961年的《农业基本法》中就规定了多种农业补贴政策，主要针对农产品的价格保护。如大米的收入补偿政策、猪牛肉的稳定价格制度、蔬菜的最低价格制度、蔬果类的价格平准基金制度、牛奶大豆的差价补贴制度等。日本加入世界贸易组织后，在乌拉圭谈判中迫于压力，才逐渐减少"黄箱"补贴，转为对"绿箱"的大量补贴。自2000年起，为了消除山区与平原地区农业生产的成本差异，日本又开始实施对山区、半山区农户的直接补贴，以提高农业落后地区农民的收入。在农业基础设施和机械购置上，日本政府也提供补贴。OECD的调查数据显示，日本对农业的补贴额占农业产值的比重在1986—1988年高达64%。在国际农业反补贴反倾销的压力下，2013—2015年仍然居高不下，达到48.2%。补贴支撑了农产品的最低价格，但也导致日本的物价水平偏高，居民恩格尔系数达到25%左右，69%的居民认为进口食品更便宜。此外，日本的农业保护还体现在农产品进口的高关税和数量限制上。即使在乌拉圭回合谈判的压力之下，日本进口农产品的平均关税率仍然保持在64.9%，关税水平几乎位居世界第一。在数量限制上，农林水产品种1962年曾经达到103种，在加入乌拉圭谈判、TPP谈判后减少到5种，虽然取消了大米的数量进口限制，但是改为341日元每千克的从量关税保护。高度的农业保护提高了农业收益和农民收入，增强了农业的吸引力。

② 促进农业规模化、企业化经营的土地政策

二战以后，日本开始进行土地改革，以建立农户土地所有制的方式确

立农户经营的法人主体地位,并采取一系列举措保护和促进政策的实施与执行。日本政府在对比美欧国家的农业经营特点后发现,美欧国家土地较为充裕,以家庭农场为规模化的发展基础,而日本本国人地关系紧张,人均土地极少,因此,政府一直以来颁布的各项法律政策都是致力于土地的集中与农业规模化、企业化的促进。1958年《经济白皮书》中就明确指出,小农经营不能适应农业现代化的发展需要。自1961年颁布《农业基本法》开始,有利于规模经营的方式如土地转让、租赁、委托经营等方式就被政府所支持,并鼓励农户向农业生产法人转变。其后又多次修改《农地法》,放宽对于土地的使用,以财政优惠的方式鼓励扩大土地经营规模,引导年龄较大的农户退出土地经营,鼓励年轻人进入农业领域。20世纪70年代始,又连续颁布三部法律,分别是《农地振兴整备法》《农地利用增进法》《经营基础强化法》,目的在于促进土地的集中,由有能力的农户来经营。在土地集中过程中,为了克服日本土地私有化的阻力,政府对农户进行了大量补贴。在鼓励规模化、企业化经营的同时,日本政府还鼓励资本投向农业公司,鼓励农户农具的购买并进行补贴,以推进机械化。总之,日本政府将促进土地的规模化、企业化经营作为一项重要政策举措来大力推行。

③强大的农协组织

日本先天资源较之欧美发达农业国家,存在很大的局限性,可耕地面积较少,劳动力资源也不够充裕,资源禀赋极其有限,由此决定了日本的农业发展模式以小规模经营为基础。日本政府在意识到小规模经营不利于农业现代化发展后,除了鼓励土地集中的规模化经营,还制定了《农业协同组合法》《农业整建措施法》以保护农业协作组织,克服农业小规模分散经营的不利影响。农协在美欧等发达国家普遍存在,但是在日本却极具特色,农户加入农协的比例很高,达到99%。作为一种经济合作组织,农协的组成有村、县、中央三个层次，村级为基层农业组织，自下而上地建成县级联合会和中央联合会。三个层级联合起来形成了完整的体系，针对小规模农户经营太过分散、市场信息不充分的情况，帮助农户在农业生产经营的前、中、后环节，结合市场需求进行科学决策与管理。产前，农协组织根据农户自身情况，利用市场信息，帮助农户制订生产计划，还提供信贷支持和新品种的推荐。产中，为农户提供农用物资如化肥、农药等，对农民的生产过程进行全程技术支持。产后，根据市场需求将农户产品进行销售或者加工。日本将农业协作组织定位为农业生产服务组织，定位准确，分工明确，使农户生产经营中出现的生产盲目、分散经营的风险得到了有效控制。因此，在日本，农户基本上都加入了农协组织，加入率远超欧美国家。

④ 金融服务

在信贷支持上，日本的农业信贷以政策性金融为主，包括日本农林渔业金融公库、农协的政策性业务以及农村金融支持工具三个部分。1953年，日本农林渔业金融公库由政府出资设立，设立初期的目的是提供低息贷款，贷款对象是农林渔业的生产者。其后，随着经济的发展，转向提高农民收入、加强农业基础设施、扶持重点农户等多个方面。农协政策性业务则是向基层、中等企业和中央大企业等不同层级的农协会员提供贷款。

与欧美国家一样，日本政府对农业保险同样十分重视。早在1947年就通过《农业灾害补偿法》的颁布确立了农业保险的重要地位。1961年又建立起农业信用担保保险制度，包括对农户资金需求提供担保的保险制度和由中央及多个基金协会等设立的农林渔业信用基金。2003年对农业的相关保险法律又进行了修订，扩大了农业生产的保险范围。总体来看，日本的农业保险体系十分健全，分为村、县、省三个层级且工作任务各有侧重，村级为农户互助,县级为农户保险,省级为再保险业务,有效地分散了农民生产经营的风险。在险种上,有专门针对重要农作物的强制险和意外灾害险。农民缴纳的保险费由政府进行补贴,补贴额度达到50%~80%。

6.2 农业发达国家现代农民成长与培育的经验借鉴

美国、法国、日本等发达国家各自的资源禀赋与比较优势不同,但都以各自的发展模式实现了农业的现代化。在对现代农民的培育和形成方面,政策举措既有相同也有不同,培养的方向却不外乎集中在农民就业选择集合扩展、农民选择能力提高、农民就业选择条件转变三个方面。总体来说,各国政府在土地、劳动力转移、机械化等方面的一系列政策措施,目的在于促进富余劳动力向非农部门的转移,为土地的集中化、规模化经营提供条件,以完善的市场分工为转移劳动力提供更多就业机会。对于现代农民主体能力的提高,各国政府非常注重人力资本投入如教育培训、农民科技能力的提高。为了提高农业收益,增加农业经营的吸引力,各国政府对农业实施高度保护与补贴政策,重视引入农业新技术,提供金融配套服务,十分重视农业保险的作用,极大地提高了农民收入和劳动者从事农业的积极性。通过对各国农民培育政策与经验的分析,值得借鉴的方面具体如下。

6.2.1 重视劳动力转移与人口转型

发达国家促进现代农民形成的经验表明,其在工业化初期就将推动农业劳动力转移作为一项战略任务。美国的劳动力转移尽管是自由迁徙式,但早在1785年的《西北准州条例》中,就对移民的基本权利进行担保,其后通过不断的补充修改和推出西部迁徙政策来鼓励农业人口转移。法国政府的劳动力转移政策注重外围城市的大力发展,对此给予资金资助和各种政策优惠，目的在于实现工业的分散发展，鼓励工业向乡村和落后地区转移，并对改换职业的农民予以资助来推动劳动力的大量转移。日本政府从20世纪60年代开始，将扶持重点定位于规模较大的自立经营农户这一群体上，对小农户的发展方向则是鼓励其向非农产业转移、脱离农业，在促进工业和农业、城市和农村的协调发展下，注重发展劳动密集型工业以吸纳更多的农村剩余劳动力，实现劳动力的顺利转移。

有工业化、城镇化对于农民就业集合的扩展，才使农业劳动力有转移至非农部门的广阔空间，由前文分析可得，农村剩余劳动力的转移是农业现代化的实现条件之一。农业劳动力转移引致农业人口的量质转型与代际优化，又进一步加快了农民的人力资本积累速度，成为农业主体能力提高的内在驱动力。农业技术进步是发达国家与发展中国家农业发展的根本差距，作为高水平人力资本支撑下的技术进步，其在农业生产领域的引入和广泛应用有赖于人力资本的推动。劳动力择优转移下人口生产由数量向质量的转型有利于农业技术进步，即劳动力的受教育程度与技术创新能力成正比。新技术的扩散和应用与农民的文化水平与成正比。文化水平越高，技术扩散和应用的程度也越高。因此，各个发达国家支持农业人口转移的政策表明，劳动力转移引致的农民人力资本积累的提高不仅具有转移农村剩余劳动力、提高劳动力边际产出的意义，还对土地的规模经营、农业技术的应用意义重大。

6.2.2 以农民教育培训对农民进行人力资本投入

美国、法国、日本等农业强国，农民的人力资本水平普遍较高，源于政府对农民教育培训工作的重视。各国政府以各种法律法规来保障农民教育和培训的地位和长效机制，确保农民人力资本的投入有法可依。法律法规对农民教育培训的地位、内容、培训形式作出了明确规定，对各参与单位的职责都有明确分工,甚至对各培训机构的运作、资金投入、经费筹措和奖励等都作出了明确规定。

在受到法律保障的前提下,各国建立的农民培训教育体系虽有不同,但都很完整健全。美国的农民教育体系实行正规农业教育和一般性农业推广双规制形式,各有侧重共同推动农业人才素质的提高。法国在建立起完善的农民培训教育体系的同时,对农民资格证书的取得严格要求,并以此作为对农业生产经营活动进行各种优惠支持的依据。日本的农民培训教育是政府统筹安排下农业部和相关部门的分工合作,核心部门是教育系统,对于农民的培养分层次来进行,如对农业管理、技术人才、农业工人的培养目标各不相同,其考核结果的重要体现之一是严格的农业准入制度。可以说,培训体系都是以政府统筹规划来进行,既有自上而下的层次分级,又有教育、科研、推广三部分的结合。美国、法国、日本建立的农民教育培训体系完善明确,构建的农业技术人才体系层次分明,培训机构和人员的资格认证与责任担保明确。三个国家的培训模式都很有层次,基本形成高级、中级、初级三层不同的培训框架,配合灵活多变的形式,基本上能够覆盖各种农民群体,满足不同层次人员的培训需要。

在重视农民培训教育的同时,各国政府对各种类型的农业培训证书的取得也十分重视。实行严格的考试认证制度,农民达不到培训目标不能取得相关证书。在所有证书中,最主要的是农业准入资格。各个国家都有严格的农业准入资格的限制,需要参加学习培训,考核通过才能拥有,也才能进行农业生产经营活动。法国、日本的农业准入资格尤其严格,但是给予的生产经营优惠力度也很大,可以在土地转让、农具购买方面享受低息或者免息贷款,还可以免费进行农业职业技术类的培训。有农业准入制度作为约束和督促,保证了农民培训教育的质量和时效,提高了农民的从业水平和职业能力。

6.2.3 农业科研体制的建立与机械化的倚重

美国、法国、日本三国自然资源各有优劣，但都不约而同地实现了农业现代化，完成了农民从传统到现代的转变。这是由于农业技术的推广与农业机械的运用，可以突破资源禀赋不足的"瓶颈"，而且事实证明，发达国家与发展中国家的根本差距在于农业技术进步。舒尔茨指出，农民在使用土地、劳动等传统要素时，当达到一种静态均衡时，这些传统要素的报酬递减特性决定其难以对经济增大做出更大的贡献。而"引入一种新的要素"，即农业技术这一新要素的报酬非递减特性使之比传统要素对农业增长更有贡献，将会增加农业的产出率和收益率。因此，农业发达国家将农业技术研发与推广应用作为重点发展方向，美国、日本、法国皆建立起教育、科研、推广"三位一体"的农业科研推广体系。在国家财政对农业科研机构的大量经费投入和支持下，发达国家的农业科研成果丰硕，如农业新机械、生物技术、农业新品种等。再通过不同层次的基层试验所、推广站，对农业技术进行推广应用，如日本采取自上而下的方式，对科研成果经过不同层级的实验和反复论证再付诸应用。成熟健全的农业技术推广体系，普及使用的科研成果和技术，提高了农业生产效率和农民的科技素质。另外，由于农业机械对劳动力的替代和规模生产，三个发达国家都很注重农业机械的使用，美国的土地资源充裕，劳动力较为稀缺，尤其倚重农业机械的使用。法国的家庭农场一直离不开农业机械的大量运用。日本在推行规模化、企业化经营中也大力推进农业机械化。因此，农业科学技术的研发和推广应用、机械化的使用替代了传统农业要素，成为突破农业生产可能性边界的主要途径，是农业现代化的物质基础，对于农业人力资本的提高和现代农民的形成作用重大。

6.2.4 以土地政策推动农业的规模化、企业化经营

土地的集中化与规模化，是实现农业现代化、企业化经营的基础。美国、法国的土地资源相对充裕，在政府政策鼓励下，以家庭农场为规模化经营的主要形式。美国地广人稀，从 19 世纪后期就相继颁布《宅地法》《育林法》《林木及石料法》等，通过对农民收取极低的登记费、购置费的方式，发放大量土地，实现土地的规模经营。法国政府为了避免农用土地的分散化，设立了离农补贴，鼓励 55 岁以上农民离农，又规定农场继承权只能继承给一个合法继承人，还授权给公司允许其优先购买土地，为购买土地的农户提供贷款优惠，建立起适度规模的农场。日本的土地改革始于二战以后，政府强制收购地主出租的土地，并以低廉的价格卖给佃农，为农户小规模家庭经营的生产模式建立了基础。日本政府还针对土地私有化导致的土地流转困难的问题，以选择性扶持和发放补贴来解决。在土地政策上，美国的西部开发政策很成功，法国土地面积比较分散但是土地集中政策的推行比较顺利，日本由于土地分散和劳动力不足的客观原因，尽管有一系列土地政策的颁布实施，但农业兼业化情况严重。

6.2.5 注重对农业的保护与支持

美国、法国、日本的农业发达程度较高，美国和法国农产品出口量居世界前列，但是三个国家无一例外地对农业实行高度保护，这源于农业的弱质性特点。在农业保护方面，主要以补贴、进口限制和高关税等方式来进行。如日本对农民利益实施保护的重点是以各种方式提高其收入，农民收入的 55.9% 来自农产品的价格补贴，且主要进口农产品实施数量限制或者附加高关税。美国、法国在对抗世界贸易组织压力的同时，通过各种渠道对农业进行补贴。大量的农业补贴，有效地保护了本国农业，提高了农民收益，增加了农业吸引力。

在农业扶持方面,以发展农业合作组织来支持农户经营,对其进行信贷支持和农业保险支持。通过成立信贷机构,明确各自分工,无论是以商业金融为核心,还是以政策性金融为核心,主要目的都是为农业基础设施建设和农户提供土地、农具的优惠贷款。此外,各国都有健全的农业保险体系,有强制性保险的规定和发达的商业保险系统,以低保费、高补贴的政策来支持农户投保,既降低了农业风险,又保障了农民的收入和农业收益。农业组织对农户的扶持,从1844年成立起就在各个国家快速发展。美国、日本、法国通过建立健全的农村合作组织体系,使农户与市场紧密结合,降低了农户市场风险,为农户提供了生产物资保障和技术服务。法国、日本的农业合作组织得到农户的广泛参与,其突出功能在于农资供应和对农户的技术指导及强大的销售服务上,这一点值得中国的农业企业学习和借鉴。

6.2.6 健全完善的市场化体系

发达国家的市场经济运行已有200多年的历史,因而市场体系都比较成熟完善,形成的市场类型丰富健全。从市场层次来看,既有批发市场又有零售市场;从生产要素来看,既有劳动力市场、土地市场,又有资本市场、人才市场、技术市场、信息市场等,市场类型多种多样。农业现代化的实现有赖于强大的市场条件,发达的市场经济能够带来各种生产要素的自由流动,为农民创造出更多非农就业机会,是农业产业化、企业化的基础。工业化精细分工下,农业与其他产业间的网络化联系,需要不同层次的经营主体以市场为联络展开分工与协作。现代农民从事农业生产经营活动是一种专业化生产,这种专业化会要求农民和市场紧密结合。农业生产的每个环节和阶段都有专业化的服务,使农民可以更加专注于农业生产。所以,市场的不断分工和细化是现代农民成长的必须环境。为此,各国都高度重视市场化改革，充分发挥市场高效配置资源的机制，促进农业产业化、企业化健康发展，对于各个利益主体通过市场这只"看不见的手"来进行调节，其行为方式由市场来规范。农业产业化的实现主体是农业的企业化经营，这种组织形式的实现需要完善、发达的市场体系来支持。总之，发达国家的农业现代化及农业的规模化、企业化经营，都离不开高度发达的市场化运作。农业企业生产经营的计划和生产、生产要素的投入与核算、产品销售以及同企业之间的分工与合作等，都需要发达的市场经济提供的有效竞争机制和市场调节来完成，这也是发达国家农业企业化、现代化程度较高的重要原因之一。

6.3 国际比较对中国现代农民成长的启示

中国作为一个农业大国，资源禀赋丰富但是人口众多，人地关系比例一直以来都很紧张，目前还处于传统农业向现代农业过渡的阶段。农民的文化程度普遍不高，农业科技带来的增产额不足农业生产总额的40%，远低于西方发达国家。对美国、法国、日本三国培育现代农民、实现农业现代化的路径进行分析借鉴，厘清现代农民成长的思路与规律，兼收并蓄发达国家现代农民培养的成功经验，主要从发达国家的农民就业选择集合扩展、就业选择能力提高、就业选择条件转变方面，得到启示如下。

6.3.1 提供非农就业机会，促进劳动力转移

农业发达国家首先是工业领先的国家，发达的工业为劳动力的就业提供了诸多机会，引致了劳动力大量转移。劳动力转移使大量农民离农就业，是农民人力资本投入增加、自我能力提高的内在动力，也利于土地的规模化经营，为留任农业的劳动力提供更大的发展空间，是实现农业现代化及现代农民生成的前提条件。

发达国家于一个世纪前基本完成了农村劳动力的转移，其间各国政府对非农转移给予了各种政策支持。美国农业劳动力转移的特点是以自由流动为主，基本由不加干预的市场来完成，政府制定一系列鼓励转移的政策；法国政府则通过土地政策、补贴政策的推动来完成劳动力转移和土地集中，最终促使农业劳动力减少、农民的现代水平提高；日本由于自然禀赋不足，加之劳动者土地私有制的历史影响，出台了一系列助推农业劳动力转移的政策，但农村劳动力转移进程缓慢，农业兼业化现象严重，在一定程度上影响了现代农民的形成。让农民成为可以胜任农业现代化建设任务的现代农民，农民就必须有职业化、专业化特质，但是，中国目前的大多非农就业存在短期性、临时性问题，导致农民非农就业缺乏稳定性和安全感，加之非农就业社会保障不足，大部分农民因此并不愿意完全退出土地，土地和农村是他们最后的依靠。因此，在劳动力转移政策上，要防止出现日本农民兼业化的情况，兼业化是日本解决土地稀缺及劳动力不足的一种选择，但是会随着农业产业化的精细发展造成农业与非农产业无法兼顾的难题，从而导致农业劳动力专业化、职业化不足，最终难以保障农业的安全稳定发展。

所以，实现我国农民的现代化必须高度重视劳动力转移，借鉴美、法两国劳动力转移的成功经验，吸取日本劳动力转移失败、农户兼业化的教训，出台完善的土地政策，重点发展第三产业，继续推进城镇化，完善市场改革，为农业转移劳动力提供更多就业机会。

6.3.2 提高农民就业选择能力是现代农民成长的内在要求

现代农民的成长，有正在形成现代农民或者走向成熟阶段的意蕴，又有已经完成了从传统农民到现代农民转变的这层含义，两层含义皆表明现代农民的形成需具备自我发展能力和成长能力。从各国经验来看，提高农民就业选择能力主要包括对其综合素质和劳动技能的提高。

其一，各国政府对农民以各种形式的教育培训来加大农民人力资本投入，最终提高农民素质和职业技能。其二，通过建立严格的农业准入制度，农民进入农业领域需要通过资格证书考试，主要证书是农民职业资格证书，对证书的取得严格考核，并作为农民可以获得各项农业优惠与扶持的资格。发达国家普遍使用农业资格准入制度且要求严格，农业准入壁垒对农民素质起到了筛选与提升作用。其三，通过建立农业科研体制，以农业科研的推广、应用，提高农民的农业技能和技术，最终提高农民的科技能力。

目前，中国农村劳动力文化程度普遍较低，较低的人力资本对农民农业新技术的应用、机械化的操作使用、农业生产经营的创新都形成了阻碍。劳动力择优转移推进了工业化的发展，转移了农村剩余劳动力。但是，转移过程也是农业就业人口素质被筛选的过程，筛选之后的农业就业人口素质过低，农业发展前景堪忧。农业发达国家也曾经历过这一阶段，改变的方法则是，以教育培训等各种手段加大对农民的人力资本投入，无论是以立法来保障其实施还是经费投入、师资投入，都极大地提高了农民素质。另外，中国农业劳动力的数量较多，质量较低，从事农业对经营主体几乎没有任何要求，这一点可以借鉴发达国家的农业准入制度。农民的培训学习与农业资格证书的取得两者相辅相成，配以其他农业优惠政策，提高农业的准入，既是提高农民素质的措施，又有利于农业的长远发展。虽然施行起来会有一定阻力，短期内可能会产生不利影响，但是目前在我国一些经济发达地区已经开始施行，可将实行的过程及结果进行调研总结后推广使用。总之，可借鉴发达国家对农民培训的体系构建和政策扶持，以及农业科技的推广应用方式、农民准入制度等，将农民的人力资本水平、职业素质提高作为促进现代农民成长的第一要务。

6.3.3 提高农业收益，助推农民就业选择条件的转变

增加农业生产要素的实际投入数量，会引起农业产量的增长，这是一种数量式、外延式增长方式，可以提高农民收入。还有一种增长方式是引入先进农业技术，突破农业资源"瓶颈"，引起农业产出的质量式、内涵式增长。两种不同的增长方式都会提高农业收益和农民收入，这也是发达国家一直以来出台、实施提高农民收入的政策举措的根据。为了促进数量式农业产出增长，发达国家政府从提高农民补贴入手，使农民可以获得更多的现实利益。美国、法国以大量农业补贴、鼓励农民参加农业保险，以科技投入提高农业国际市场竞争力，大力发展农产品出口的方式来提高农业收益；日本主要通过农业补贴和农产品进口数量限制的方式，如最低价格支持、农业保险补贴、农业再保险制度、农业生产环节补贴、主要农作物进口量限制等，从而提高农民收入。在促进内涵式农业产出增长方式上，美国、法国、日本建立起农业科研体制，注重农业技术研发并构建完整的研发、传播、推广体系，通过农业技术投入突破农业生产的可能性边界，以获得更大的产出和收益。

中国现阶段，农业的比较利益过低，农民从事农业生产经营严重缺乏积极性。首先，从发达国家提高农业收益的经验做法来看，提高农民收入最直接的方法是实施补贴和农业保护。当然，任何农业补贴都有代价，在WTO、TPP等世界组织及他国压力之下，如何充分利用贸易规则对农业实施补贴是一个需要深入研究的课题。其次，农业收益的提高，还需从金融信贷、农业保险入手，使农民能够突破农业融资难的问题，重视农民投保农业保险，给予保费补贴，降低农业生产的风险。最后，在农业发展模式方面需注重从以往注重土地产出转向劳动生产率的提高，以最终提高农民

收入。长期内加大对农业科研的投入,引入农业新技术。农业科技推广需针对分散的家庭小规模生产、偏低的农民素质等问题,有导向性地进行农业科技推广,激励农业科技人才和使用新技术的农民,建立多层次的科研推广体制,全方位地提高农业产出,提高农民收入。目前,我国在这些方面的工作取得了很大成绩,但是对农民的补贴由于各种原因,投入额远远不及发达国家,农民融资难度也很大,有较多的农业保险品种,覆盖还是不够全面,主要是宣传推广力度不够,农民保险意识严重不足,与之配套的保费补贴也不够,导致农民参保率很低。所以,提高农业收益和农民收入,需要农业保护、补贴、金融保险支持、科研技术引进与推广等多渠道投入。

6.3.4 农业企业化经营是现代农民的重要组织形式

发达国家现代农民的成长伴随着农民的组织化。现代农民与农业现代化建设任务相辅相成,作为农业现代化的重要组织形式,农业的企业化经营是农业内部形态变化与外部条件选择相互协调的必然产物,是农业组织形态的变革和创新,是一种与工商企业趋同的必然制度安排。一方面,农民的经营活动需要与农业中介组织达成分工与协作,完成市场与农民的对接,降低分散化经营带来的市场风险;另一方面,农业的企业化经营产生了对农民较高的职业素质要求,企业化经营的规模效益带来的农民收益的提高,是将农民变为农业企业家、农业技术人才及农业产业工人的最优制度安排。发达国家农业组织的发展变化表明,农业必将走向企业化经营,农业企业化经营是现代农民的重要组织形式。我国农户的特点是,数量较多,经营规模小,生产活动分散,市场参与度低,信息不通畅,市场竞争力严重不足。在这样的现实情况下,助推现代农民的生成,必然需要大力发展各类农业组织,加强农民与农业中介组织的联系,并对农业中介组织予以合适的定位和政策支持。让农协做到为农民产前、产中、产后的各种服务，如农业物资供应、农业技术指导、农产品销售等。此外，大多数发达国家农业企业化程度都很高，在农业的各个环节基本都实现了企业化经营，美法国家的企业化形式主要是家庭农场，政府给予了各种政策扶持。因此，在促进农业的企业化经营方面需要提供人力、资金、土地规模等条件，早日助推现代农民选择条件的转变和现代农民的生成。

6.3.5 现代农民的成长模式须符合中国国情

美国的现代农民形成模式，是由美国人少地多的自然禀赋和自由的市场经济决定的"农场主＋私营企业"的方式。其发达的市场经济有助于生产要素的流动和农业经营主体之间的分工协作，在农民培训教育、资金支持方面也更多的是由市场进行。日本人多地少的原因加之政府对经济的宏观调控强度较大，现代农民的形成模式为"小型农户＋农协"的模式，农民兼业化情况严重，政府对农业的保护程度更高。作为资源禀赋介于美国和日本之间的法国，其现代农民的形成则是以政府对农村劳动力的大力推动、严格的农业准入制度、对农民培训教育的大量投入与奖励方式来进行，并且法国民众具有职业平等观念，政府的各项举措更加确保了农民这一职业的平等性，可以说在现代农民的培育与形成上，走出了具有法国特色的中间道路。

通过对比不同国家现代农民的培育与形成模式，最大的启发是，现代农民的培育与形成，需要结合各国的实际国情、特色农情来进行，既总结其共同规律，又需注意不同国家的差异。中国的资源特点是耕地多、人口多，但是基于庞大的人口基数，平均后的人均耕地变少，而且农民的文化素质普遍低于发达国家，农业技术不够发达，城乡收入的差距依然很大。农民的职业化、现代化进程中，地区差异明显，东部、中部经济发展水平较高，农业现代化程度较高，机械化使用程度也较高，相继出现了很多知名农业企业，而西部地区、东北部地区经济发展水平较低，农业发展较为缓慢。据 2016 年《全国新型职业农民发展报告》调查统计，由于各地经济发展水平，劳动力数量、质量和现代农民培育工作推进力度的不同，各地区现代农民数量差异较大。其中，江苏、山东、河南现代农民数量位居全国前三，占全国现代农民的比重分别为 12.74%、11.88%、7.21%。天津、湖南、江苏的农民受教育水平位居全国前三。加之每个地区或者省份的地理环境、种植技术等的差异，形成不同的作物种类与农产品产业，农业收益差异也很大。我国的农业资源，与美国、法国、日本三国有相同之处也有不同之处，与日本最为相近，但是日本的农民兼业化并不是我们所要努力的方向。因此，我国现代农民的成长模式，需要结合中国国情和社会主义市场经济环境，探寻出一条符合我国实际农情的、富有中国特色的农民培育模式和成长路径，不可盲目照搬照抄国外成功经验，对现代农民的培育与助推实施差异化政策。

6.3.6 现代农民的生成需要政府的支持和引导

美国有高度自由的市场经济，但是在现代农民的培育与形成途径上，首先以健全的法律法规来保障对农民的教育培训投入，通过土地政策的颁布实施和农业大量补贴来促进农场主或者企业的规模化经营，提高农民的收入。法国和日本也是如此，而且日本的宏观调整强度更大，农业政策法规和农业保护更多。农业是国民经济发展的基础产业，发达国家尤其重视对农业的扶持和农民利益的保护。为农民提供教育培训、资金扶持多方政策保障，还提供农业科技、市场、就业等全方位的服务，这些扶持既保障了国家粮食安全，又提高了农民收入和农民地位，增加了农业吸引力，激励和引导优秀人才进入农业就业。由此可见，在现代农民的培育和形成过程中，现代农民各项培育模式的运用和效果，关键在于政府的重视、支持和引导。现阶段的中国政府开始意识到现代农民培育、乡村振兴、农业供给侧等问题的战略地位，也在不断完善立法来确保相关问题的解决。但是对于现代农民的职业地位、现代农民成长的助推和支持仍需不断健全相关法律，从政策、土地、信贷、农业补贴各方面给予更多倾斜，注重其长效机制的建立，为现代农民的生成提供良好的政策环境。

7 助推现代农民生成的配套政策设计

农民作为农业现代化和乡村振兴战略的实现主体，助推其尽快完成从传统到现代的转型，是中国农业发展的重大历史使命。对现代农民的识别以就业选择集合变化为研究视角和逻辑起点，揭示出现代农民的生成规律在于农民就业选择集合扩展下，择优转移推动的农民就业选择能力提高以及农业企业化经营下农民就业选择条件的转变。但是当前中国依然存在非农就业机会不足，农民选择能力低下，农业择业条件尚未达到的现实情况。因此，现阶段中国在对现代农民的生成机制和形成路径进行深刻认识的基础上，需要一系列的配套政策来助推现代农民的生成，那就是为农民提供更多非农就业机会以扩展其就业集合，加大人力资本投入以提高农民主体选择能力，提高农业收益、促进农业的企业化经营以促进农民就业条件的转变。

7.1 提供非农就业机会，拓展农民就业集合

阿玛蒂亚·森指出，如果有适当的社会机会，个人可以有效地决定自己的命运。让农民成为可以主动作出选择的主体，意味着农民需要具备更多自由选择的机会。选择集视角下的现代农民不同于传统农民的本质特征在于就业选择集合的变化与扩展，就业选择机会的增加。就业选择集合的扩展是生成现代农民的必备前提，因此，政府需要进一步拓展农民就业选

择集合，提供更多的就业选择机会。

7.1.1 实现新型工业化和新型城镇化的协同发展

现阶段，中国农村人口仍然较多，在总人口中的比重为64%左右，农业劳动力在整个劳动力中的比重为50%。农业与农村人口的不断转移是农业现代化、农民现代化的重要实现条件之一。作为农村劳动力转移的动力条件，工业化的道路选择和发展战略影响着农村劳动力的转移进程，是劳动力能否成功转移的关键因素，为劳动力的转移提供了各种就业机会。工业化的推进构成了对农业劳动力转移的需求拉动。美国对于劳动力转移以自由迁徙为主，出台了一系列促进转移的措施，日本在工业化初期实施贸易立国的工业化战略，发展劳动密集型产品，为农业劳动力转移提供了更多就业机会，从而加快了农村劳动力的转移。作为发展中国家的印度在工业化启动阶段，走资本密集型工业产品的进口替代路径，没有经历劳动力密集型的工业化阶段，导致工业部门难以大量吸纳农业部门的劳动力，农业劳动力转移出现"凝固"状态。中国的新型工业化是在工业化的过程中推进信息化的新型工业发展模式，注重信息化对工业化的引领和带动，以及工业化对信息化的促进和推动，将工业化发展和生态建设、环境保护并重，注重经济发展与人口、资源、环境之间的协调关系，注重处理资本技术密集型与劳动密集型产业之间的关系，最终实现空间布局合理、宜居宜商统一、城市与就业和谐发展，在这个过程中注重的是就业机会的提供和个人的自由发展与创新。

作为现代农民形成的先决条件，劳动力的快速转移也有赖于城镇化的大力推进，这是农民非农转移不可忽视的空间载体。在以人为本的城镇化快速推动下，二元经济结构造成的城乡壁垒逐步瓦解，农与非农之间劳动力市场也更具流动性，农民在城乡之间、农与非农部门之间获得了更多的就业选择。但在城镇化道路选择上也要注意劳动力的转移效果,一般认为,过于集中式的城镇化会使农村劳动力加速、过量涌向大城市,易导致大城市病、农村凋零、城乡差距过大以及产业无法均衡发展等问题。因此,以城乡统筹眼光,实现新型工业化、新型城镇化的良性互动与深度融合发展,实现工业化快速推进下大中小城市、小城镇、新型农村社区的协调平衡,对于推动劳动力的大量转移以及保证其就业水平意义重大。

7.1.2 继续推进市场化改革

精细的市场分工带来更多的专业化生产,从而产生更多的就业岗位,也进一步促进了城乡劳动力、土地、资金、信息等生产要素的自由流动。首先,在认识现代农民生成机制和形成规律的基础上,从广度和深度推动市场改革,以市场来调节各种生产要素的自由流动和投入。重点推动劳动力市场改革,以消除二元经济结构带来的农与非农之间的就业障碍,使劳动力具备在农与非农之间自由选择的职业机会,最大限度地激发现代农民生成的内生动力和农业企业家及农民的创业热情。其次,转换政府职能,打造服务型政府。在计划经济条件下,政府职能表现为对经济进行集权管理和决策。自由的商品经济模式下,需要理顺政府与市场之间的关系,政府需明确自身职能,为创造良好的经济发展环境和为市场主体提供服务,对经济发展以宏观调节为主,在找准市场活力与市场秩序的平衡点上最大限度地给予市场主体自由。再次,尽快建立完善的全国性农产品市场。我国的农产品商品化率较低,农产品市场不发达,经常性存在产销脱节、区域性不协调的情况。推进市场深化改革的同时,需重点关注农产品的市场化和信息化,对农业市场的结构、布局进行实际调研。在综合考虑土壤条件、交通运输、自然资源、居民农产品消费偏好变化等基础上,以市场需求为中心,统筹规划农产品的种植与开发以及各级销售,改进农产品仓储、物流技术，引进国外先进农业技术和新品种，对农产品实施配套产业链、农业园区建设。利用互联网、微信公众号、电子商务等手段，创新农产品销售模式，促进农产品生产、流通环节的畅通。

7.1.3 大力发展第三产业，优化产业结构

实践证明，第二、第三产业的发展，带来了诸多就业机会。随着我国经济的快速发展，三大产业的就业结构发生了很大变化，第二、第三产业就业总人数在逐年增加，但是从20世纪90年代末开始，就业人数的年平均增长率却呈现出逐年下降的趋势。国家统计局数据显示，第二产业就业增长率从1952—1978年的5.99%下降至1995—2000年的0.48%，截至2017年增速仍有下降。第三产业在1990—1995年，年就业增长率达7.34%，1995—2000年却迅速下降至3.03%，2017年较2016年略有提高，但是增速缓慢，这说明两大产业的劳动力吸纳能力有减弱趋势。

第二产业吸纳不足的原因在于，中国现阶段仍处于重工业化中期阶段，工业资本的有机构成较高，加之纺织、食品等劳动力密集型的轻工产业技术进步较快，所需劳动力相对下降。第二产业目前正在经历技术升级和人工智能的加速发展，对劳动力形成了一定的挤出效应。作为第三产业的服务业目前的发展仍显缓慢，对劳动力的吸纳也有不足，2015年第三产业在GDP的比重始超50%，达到50.2%，2016年为51.6%，而发达国家比重都在70%以上。由此可见，我国的第三产业发展潜力和空间还很广阔，就业能力仍需进一步挖掘和提高。因此，在发展第一产业的基础上，尽快实现第二产业升级和转型，重点发展第三产业，通过优化第二、第三产业结构，以拥有更加广阔的国内外市场，带来更多的就业岗位，吸纳更多从农业转移的劳动力，增加农民非农就业机会。

7.1.4 合理分配固定资产投资

固定资产投资对农民非农就业具有一定促进作用，但在前文农民就业集合扩展因素的实证研究中表明，目前我国的固定资产投资在初期对于农民就业机会的提供与增加有一定作用，对经济增长具有拉动效应，但在投资、建设完成之后却有相反作用。探其原因在于目前固定资产投资中，基础设施如高铁、地铁等，房地产等比重较大，这些项目在建设期内对农民就业具有促进作用，在建设期满后却对非农转移起到限制作用，甚至容易成为各利益集团或某些行业财富分配的手段。如房地产投资项目吸纳了大量资金和社会资源，但生产力效应实际并不明显，因为货币在此行业更多是汇聚功能而非生产功能。在建设期内，房地产等的投资拉动GDP增长，为农民就业提供了大量岗位，建设期满后，高房价却妨碍了农村劳动力的转移就业和迁徙，因为房价过高带来了高昂的生活成本。地铁、轨道交通等也是如此，较高的交通成本会造成农民进城生活成本的增加，使进城农村转移劳动力的生存压力加大，甚至会出现农民的非农转移收入剔除生活成本、迁徙成本后小于等于务农收入的情况，从而导致农业劳动力的转移动力不足。近年来，中国各个城市的建设速度和建设规模加快，硬件建设不断扩张，但仍未形成明显的顶尖技术产业，也难有对新兴产业的引领，从而以各个新兴产业链条来吸纳劳动力就业的情况不多。由于城市其他资源供给的不足与配套设施的欠缺，置业和居住成本的高企，影响了农民进城创业、就业和定居。因此，对于固定资产投资，应该有整体长远规划，向城市公共资源的提供、农民人力资本提升方面倾斜，需有利于农民就业与经济长期协调发展，合理布局。

7.1.5 完善社会保障体系，促进平等就业

中国长期实行的二元户籍制，将居民人为分割为城镇居民和农村居民，导致两者在生存、发展等诸多方面存在显著的权利差别。尤其是在就

业和社会保障方面，农民与城镇居民的待遇差别明显。

在就业方面，一些城市为了保障本地居民就业，利用二元户籍制度作为壁垒对外来转移劳动力就业作出种种限制。要实现农民的平等就业，就需消除附加在户籍之上的区别待遇，赋予农民与城镇居民同等的权利和待遇。在现阶段的户籍制度改革下，农村居民与城市居民户口上的差别虽然已经被弱化，但是在就业与社会保障、子女入学、医疗保障等方面依然存在实质性区别。如农民的养老保险问题，由于目前全国养老保险的区域统筹和独立核算，养老保险还未实现全国范围内的自由转移和城镇居民与农村居民的平等待遇，因此农民的养老保险仍存在问题。农民对养老的顾虑影响到一系列农业发展的问题，如农民的职业历程和生命历程、生育选择、土地的流转等。同样存在问题的是农民的医疗保险，城乡享受的医保比例差别较大，农民工的工作往往比较艰苦，保障条件差，但是差别化的医疗保险政策体现了农民就业的不平等。因此，需加强对农民养老保险和医疗保险方面的福利建设，尽快消除现行制度的缺陷。此外，完善的就业保障、良好的社会经济环境，同时也意味着要有平等公正而受尊重的社会地位和社会认可。可以说，给予平等的医疗、保险是农民尊严的物质保障，那么，平等的社会地位及社会认可则是农民得到尊严的精神保障。所以，需要建立平等的就业保障和正确的舆论导向，实现平等就业，给予农民充分的权益保障和社会尊重。

7.2 以人力资本投入来提高农民选择能力

即使面临就业集合的扩展与就业机会的增加，作为选择主体的农民，只有其具有较强职业选择能力时，才可以形成自主自愿选择。较强选择能力的主要体现是作为个体的农民所蕴含的人力资本存量。选择能力提高可来自工业化引致的农民自身人力资本投入增加和人口质量的代际优化，但人力资本的准公共物品性质决定了只仅仅依靠农民自身的投入来提高人力资本是不够的，仍然需要政府的扶持和专门的教育培训投入。宪法规定，受教育是公民享有的基本权利。因此，国家需高度重视农民教育问题，通过加大农村人口的人力资本投入尤其是培训教育投入，提高劳动者的素质和技能，最终提高其就业选择能力。

7.2.1 树立农民教育培训的大体系观

国内外学者较为一致的观点是，教育平等的体现应是起点公平、过程公平、结果公平三个维度。现代农民的职业特点决定其既需要有一定的文化素质，也须具备专门的农业技术。因此，现代农民培训教育体系的架构原则应综合农民的职业特点，在教育培训中体现教育起点、过程和结果的公平。即不同性别、不同学历的农民，不同产业规模、不同收入的农民皆享有平等的培训学习机会，培训内容和形式应满足各类农户需求，不同产业的农民培训成功后也应拥有平等的就业机。

虽然目前农民教育培训的体系已初步形成，但资源分散、牵头不清的问题依然存在，难以形成系统的规划和强大的合力。首先，亟须构建起一个从中央到省、市、县、乡既有分工又有协作、上下贯通的农民教育培训体系，以更好地整合农业教育资源。在政府主导下，有明确的牵头部门，成立农民教育的领导组织机构，结合目前我国现状，可以农业部农民科技教育培训中心为龙头，以高中等院校农业院校、科研院所和农业技术推广站为依托，以企业培训为补充，建立系统、完整的教育培训体系。在政府层面做好宏观指导和系统安排，建立组织协调机制，明确各部门责任，防止出现难以克服的职能不清、力量分散的问题。其次，在教育的公平性体现上，对于教育对象的选择，既要有受训重点，又要广泛覆盖，体现教育起点的公平性；课程设置需以实际需求为中心，专业设置体现导向性，建立起政府统筹领导下的分层次、分产业、分类型的培训教育，体现教育过程的公平性；与就业市场形成良好的对接，提供受训农民的优先就业，通过市场中介、就业支持提供平等的就业机会，体现教育结果的公平性。最后，在教育体系的设置理念上，学习农业发达国家形成的农业教育、科研、推广的模式，让教训培训最终为现代化的农业生产服务。此外，最关键的一点是，完整的农民职业教育体系的建立与施行，需要健全的法律保障。通过法律法规的制定建立农民培训教育的长效机制，对各个教育培训机构的职责分工、农民教育培训的经费来源和使用、培训证书的取得和考核等作出明确规定，使农民教育培训工作有法可依。

7.2.2 建立农民教育专项基金

公共产品与私人产品的不同之处在于，无须像私人产品那样需要付费才可以获得，只要有人提供，是难以排除其他人的享有权的。教育投资一向被认为是具有外部效应的准公共物品，较高的受教育水平可以提高社会和谐程度，有利于技术进步与传播，有助于改善受教育者本人及家庭子女的健康状况，能够提高消费者的选择效率及劳动力与市场之间的双向选择效率。因此，具有正外部效益的农民教育仅仅依靠市场配置教育资源或者农民的个人投入是积极性不足而且低效的，需要公共财政对农民的教育投入进行支持补贴和有效供给。现阶段，中央和各级政府在统筹规划人力资本建设项目时投入了大量经费，但是在现实中却容易出现经费的多头管理、各部门资源争夺、经费投入低效的情形。为此，建议建立农民培训教育专项基金，其框架设计提议如下：

（1）基金来源。资金的主要来源可以由中央承担，培训机构、农民按照一定比例进行其他资金的分担。农民培训教育的资金需求可按照一定的方法进行估算，以年龄在 18～40 岁的农民为培训教育的主体，根据当前情况，如果这部分农民的数量以农村人口占比的 50% 来估算，总数量应在 3.6 亿人左右，若每人每年平均需要 100 元的教育经费投入，农民培训教育基金账户的预算就需要达到 360 亿元。这笔资金可由中央作为主要出资者在总预算中按照一定比例提取，如中央承担 80%，培训机构、农民各自承担 10%，实现经费来源的多元化，对其他主体也形成一定的参与度和责任感。在政府的资金筹措上，对不同地区按经济发达程度采取差别化政策，如对于经济发达的富裕地区，采取地方财政投入为主，中央财政投入为辅的做法；对于贫困地区，由于经济欠发达，教育基金由中央财政全额负担；对于经济水平和富裕程度居中的地区，以中央财政投入为主，地方财政投入为辅的做法。具体分担比例可根据各地区财政收入来确定。

（2）基金的管理与使用。基金的主管机构可以建立国家级和省级的农民教育基金管理委员会，国家级教育基金委员会对转移支付前的经费统一管理，省级基金管理委员会专门管理转移支付后的经费。账户资金主要用于年满 18 岁的农民教育，包括农业知识培训、农民职业技能教育和非农就业培训等相关内容。对基金实施专项管理，如地方政府提出合理具体的教育项目，向教育基金管理委员会提出申请报告，由委员会批准立项后保证资金到项目，在使用中加强会计核算和财政审计，做到专款专用。通过国家农民教育专项基金的建立和使用，目的在于服务地方农业，为培养培育现代农民提供资金保障。

7.2.3 建立农民教育培训的有效激励机制

首先，形成正确的舆论导向，明确现代农民的职业意义及社会地位。这是建立农民教育培训激励机制的前提，使农民明确认识教育培训的价值所在。因此，作为一项系统工程的农民教育培训，正确舆论导向的树立可以帮助农民正确认识现代农民的职业属性和自我价值，激励农民对于教育培训的积极参与和认可。利用广播、电视、报纸、网络等各种大众媒体，形成全民对现代农民这一职业的重视和尊重，使全社会树立起职业平等观念，形成良好的教育培训舆论环境。另外，通过树立典型榜样、推广先进经验的方式激发农民的学习培训动力，使农民的培训需求变为一种"内生需求"。

其次，建立现代农民教育培训的绩效考评与奖励制度。其一，建立个人和机构的绩效考评标准，对参加培训尤其是考评较好的农民和业绩较好的教育培训机构给予物质奖励。其二，对农民教育培训进行认证及社会评价，充分认可农民参加教育培训取得的成果。如全面推进农民资格认证和农业准入资格，根据农业生产经营活动的不同要求，建立与现代农民相关的职业标准和规范，可以参考其他职业的认证标准与认证体系，将现代农民分为生产经营型、专业技能型和社会服务型三类，每一类按照不同的认定标准分为初级、中级、高级三个级别。对不同类型不同级别的现代农民，设计科学合理的教学目标和课程体系，进行成绩考核，达标者颁发资格证书，凭此资格证书才可以享有农业生产经营的系列优惠政策。通过资格认证可以提高农民的就业竞争力，巩固教育培训的效果，提高农民参加教育培训及从事农业生产的积极性和自豪感。

最后，为参加教育培训的农民提供更多教学实践或者就业机会，以激励其培训积极性。在教学中注重实践教学的安排和设计，通过见习、参观、现场观摩等方式进行农业实践、实习与实训，深化课堂的农业知识，提高农民解决实际问题的能力与兴趣。同时，发挥教育培训机构的信息优势，积极与农业用人单位对接，优先推荐农业单位雇用参加培训的农民，提高农民参加教育培训的积极性。

7.2.4 建立城乡联动的十二年农村义务教育体系

在农村人口大量城镇化转移的进程中，农村地区农村义务教育表现出供给过剩的局面，城市则出现了大量随父母迁徙的流动儿童对义务教育的大量需求。与之伴随的是，农村乡镇开始撤并学校，而城市地区流动儿童上学仍有难度。对此，应建立乡村联动的全局观。农村学校的撤并应统筹进行，注重社会效益，保证相邻学校的一定距离和分布，以减少因此而辍学、失学的情况。流动儿童城市就学采取城乡联办的方法，主校在城，分校在村，以达到资源共享。在农村义务教育的经费管理上，由中央政府统筹各级地方政府，地方政府根据学生的不同教育层次提供教育补贴经费，以绑定个人社会保障卡的方式，卡上的经费随人流动使用，实行专款专用的动态管理，家庭只需承担地区差额部分。同时，在乡村师资力量建设方面，采取教师进修、城乡对口帮扶、城乡教师交流、大学生支教等多种方式，尽可能缩小城乡教育差距，实现城乡教育资源的共享，提高农村教学质量。最后，建议延长义务教育年限，将高中三年纳入义务教育阶段，在农村劳动力文化程度调查中，高中及大专以上文化程度极低，与发达国家差距甚大，高中阶段的学习依然是全民文化素质的基础阶段，在很大程度上决定着全民素质。十二年义务教育的施行，在我国一些城市和农村地区已经有所试点，希望能够尽快覆盖于全国。

7.2.5 广泛运用"互联网+"，创新农民培训教育新模式

农民培训需求与培训信息的传播之间经常存在信息不对称，将农民生产经营过程中所需的知识技能，利用网络信息传播的快速高效优势，通过"互联网+培训教育"的模式，以网络信息平台、大数据平台的新型方式创新农民教育培训模式，提高农民培训信息的传播效率。既可以解决面

授时间安排上的难度，又能以网上授课、咨询、答疑等方式，加强对农民的教育培训与后续服务，还可以针对农民的个性化学习需求，做到精准对接。

因此，可以在整合现有资源的基础上，广泛运用"互联网+"的模式，建立网络教学与基地培训教育相结合的农民教育培训模式。可以先通过网络教育平台进行理论教学，之后通过实体培训基地，指导农民进行实践操作。网络教学设置上可以充分利用现有的远程教育平台及相关课程，建立社保账号的农民登录学习系统，还可以设计出关于农民教育培训的APP软件与微信公众号，针对农民实行免费或低收费。实习基地建设上，将职业技术学校和教育机构以及相关农业企业联合起来，使实习基地在全国或者整个地区连锁化、网络化以实现资源共享，对农民的培训信息进行登记，结合各种培训证书，实行累计学分制。网络平台的使用，能够方便农民随时随地参加教育培训，降低农民的培训学习成本，实现资源共享。

7.3 助推农民择业条件的转变

7.3.1 促进农业的企业化经营

（1）明确定位农业企业功能

我国的国情是地区经济发展差异较大，各地区农业耕种的人均耕地面积、种植结构、农业产业发展的差距也不尽相同。农业企业化的发展与完成，是一个渐进的系统的过程。农业的企业化需要结合地区差异，因地制宜。首先，需要对农业企业进行明确的功能定位。现阶段人民对美好生活的需求日益增长，居民的膳食结构发生较大变化，食品的安全与品质要求有所提高，但是农业发展不平衡的矛盾依然存在。尽管家庭经营存在生产、销售缺乏整体规划与布局，融资受到约束等方面的局限，农户家庭经营在我国仍是主要经营形式。所以，结合目前实际情况，一方面，对于数量众多的小农经营，农业企业可为农户经营提供物资、技术保障，将一部分农业企业的功能定位为服务功能；另一方面，将农业的企业化经营作为农业产业化的主要发展方向予以鼓励和扶持，提供配套政策与保障措施，鼓励农业企业的示范和引领功能。鼓励企业化经营的原则是与当地的自然资源禀赋、生产规模、劳动力人口、农业的技术水平、现有农业基础匹配，发挥规模经营的优势，注意培养龙头农业企业，建立农产品聚集的农业园区等，最终促进农业的企业化经营。

（2）加快农村土地确权和流转，促进土地的规模经营

农业的企业化在于规模经营带来的规模收益，而规模经营的基础是土地具有明确的产权。在传统农业中，土地的转让与集中往往存在种种限制。现代农业的产业化、商业化的交易规则，对农业产权关系中的土地产权要求更高，产权的拥有者需具有排他性的使用权，能够完全享有土地利用所产生的收益且对其拥有的土地可以自由转让。土地产权的完整性取决于土地数量充足、土地权利期限较长、土地权利的实现确定三个法律条件。土地确权是土地流转的前提，只有对土地产权作出明晰确定，农村生产要素才能自由流动，土地的规模化、集中化才能实现。因此，土地确权的法律保障以及较强的法律执行能力是土规模经营的必需条件。

对于土地流转，一方面，需要采用经济手段，利用政策鼓励、引导非农转移的农民转让其土地使用权，另一方面，要考虑农民对土地的情感和依赖的内在原因，即加强农民的就业及社会保障，以解除其后顾之忧，也可以采取租赁、承包、土地托管等多元化的流转方式，推进土地适度规模

经营，为企业化经营创造前提条件。鼓励农业企业与农户的合作和土地入股等方式，建立农业企业的产权机制，对农业企业的使用土地提供优惠政策，为农业的企业化经营创造良好的产权环境。

（3）提升农民专业合作社水平

农民专业合作社这一组织形式，是农业企业化经营的有效形式和实现农业现代化的重要载体。极富特色的日本农民专业合作社的全称为全国农业协同组合联合会，对其成员提供产前、产中、产后从生产到销售再到加工各个环节的服务，包括技术、培训、信贷、保险等多个方面，农户的参与率几乎达到百分之百。随着我国农业产业化的不断发展，由农民自发组织、政府认证的农民专业合作社发展得到快速发展。合作社的优势在于通过农民自愿加入、互助合作的方式，对其成员提供各种服务，降低农民分散经营的风险，整合资源，架接起市场与农户的桥梁，提高农业的规模化经营和农民的组织化程度。

与发达国家农业合作组织的成员素质、市场经验、组织管理能力相比，由于我国农民受教育水平不高、经营分散、资金不足等原因，总体来看，农民专业合作社处于发展的初级阶段，能否对促进农业企业化经营起到重要推动作用，主要在于政府的积极引导和大力扶持。因此，政府应积极引导农民专业合作社的发展，结合地区农业发展现状及经济水平，扶持农民创建专业合作社，鼓励各个合作社之间的沟通交流和合作经营，在信贷政策、税收政策等方面给予优惠。对农民专业合作社提供专项资金，支持农业合作社在农业生产、销售、技术推广应用、市场服务、农民培训、农产品质量监督及认证方面的活动，与农业相关的基础设施项目、农村建设项目，大型农产品采购和出口订单、人才引进、技术推广等可优先选择有能力的农民专业合作社。最终目标是将农民专业合作社建设成为产销一体化的农业服务组织,使之为农民增收发挥更大作用。

(4)构建适合中国国情的农业企业化经营模式

中国各地区经济水平各不相同,农业发展速度也存在差异,各地区农业企业化的发展程度也有所不同,甚至形成不同模式。从地域发展特色来看,有外向型农业企业化经营的珠江三角洲模式,有以乡镇企业为主体的江浙模式、城乡资源统筹的上海模式、城乡支持渗透的青岛模式等,还有产业融合的种养、加工、休闲三者联动模式。这些模式产生的共同点在于结合地区特点和比较优势,因地制宜。美国、法国土地资源较多,农业企业化经营的基础是家庭农场,而政府对于家庭农场经营模式也给予支持和引导,使之逐渐走向企业化经营的更高形态。我国农业规模经营的土地制度基础是家庭联产承包责任制,分散的农户经营为主要的经营模式,但与家庭农场经营不同的是,家庭农场经营为市场而生产,强调规模化经营,采取的企业化经营管理方式。

结合目前中国农业现状,制度变迁存在一定的路径依赖,在中国目前劳动力大量非农转移的情况下,土地通过租赁、承包等方式,规模在不断扩大,农户家庭经营规模有不断壮大的趋势。因此,可以家庭经营为现阶段企业化经营的主要形式,通过对家庭经营进行引导,构建起适合中国国情的农业企业化经营模式,有步骤地推进企业化经营的进程,使其逐渐实现从低级形态向高级形态演变。在推进企业化经营的进程中,无论是以"公司+农户""公司+基地+农户""公司+合作社+农户"的模式,还是把农业家庭经营作为独立的农业企业,建立起"家庭经营+完善的社会化服务"模式,其中社会化服务体系应包括生产服务和流通服务体系。在目前企业化经营的起步阶段,需构建起由政府扶持企业,企业扶持农户的发展思路,即政府给予农业企业优惠政策,企业根据自身特点、市场需求和地区特色，对于农户进行资金、技术等的扶持。

7.3.2 提高农业收益

（1）注重农业科技的投入与推广

舒尔茨指出，想要突破传统生产要素如土地、劳动力报酬非递增性造成农业产量下降的"瓶颈"约束，就需要"引入新的生产要素"。其中，农业技术进步就是关键要素之一。现阶段，我国农产品经常面临供需矛盾突出的问题。一方面，居民对农产品需求巨大，另一方面却是农产品供给量过剩，经常面临销售困难。究其原因，既有农业产量不平衡、农产品市场不通畅的因素，又有农业种植与加工、农业生产结构不合理的因素，即农业供给侧问题严重。随着经济发展、物质的极大丰富，居民的膳食结构、口味偏好发生了变化，对食品安全有更高要求，这就需要在农业供给侧改革的大思路下，通过农业科学技术的大力研发、运用与推广，引入新产品、新技术，改变种养结构，升级农业产品。如陕西苹果，经过多年种植和产业发展，面临果树老化、品种过时的情况，而且土地肥力不足，苹果种植和产业发展面临转型和升级，如何在不影响农民收入的前提下平稳转型和升级，则需要更多的技术支持。同时，一些具有长远眼光的地区积极入手引进新品种，如户县的户太八号葡萄的培育及市场销售的成功，还有与之配套的葡萄酒基地建设。陕北冬枣的培育，蓝莓、香蕉等在陕西地区的试点培养，对于国外或者其他地区高档果蔬等经济作物的品种引进与研发等，说明"一村一品"的模式要有长远规划和动态调整，更需要农业技术的配套支撑和农业科技的研发与应用。

因此，需要对农产品的种植、养殖、加工等进行农业技术的改良和创新，形成科学的农业种养和加工模式。建立起完善的科研推广体系，由政府发挥主导作用，企业、农业科研部门、高等学校作为研发主体，注重农业技术研发与应用的效率转换。鼓励设立商业性质的农业研发部门，形成农业研发的竞争性氛围，提高研发与应用的效率。可借鉴日本的农业科研推广应用体系，经过研发再逐级投入实验，反复讨论后进行应用。对农业科研人员深入农业生产一线的行为予以激励和引导，使农业科研人员和机构更好地了解市场需求和农业应用效果，促进农业的优质高效发展。只有注重农业科技的投入与研发，才能改变土地报酬率递减的规律，突破农业生产可能性曲线，最终提高农业收益和农民收入。

（2）完善农业保护政策

农业的比较利益低下，农民从事农业生产经营的风险较大，收入来源不稳定。发达国家对农业都有保护政策，在国际案例比较中发现，农业越发达，保护程度越高，农业保护的主要措施是对农民实施补贴和农产品的进口限制，农业补贴成为农民收入的主要来源。美国农业法案明确规定要为农民提供收入的"安全网"。日本虽然面临巨大的国际压力，但对农业保护力度依然最大，如各种农产品的最低价格支持和对农业经济活动中各个环节的补贴，极大地保证了农业的收益，提高了农民收入和社会地位。对农业实施保护是一个难题，既需要有大量的经费投入，又需要在国际贸易的相关限定框架下进行。因此，政府应制定科学的农业补贴制度，充分利用贸易规则中的"绿箱"补贴，弹性使用"黄箱"补贴，加大补贴力度，提高农产品的最低支持价格，稳定农民的收入水平。大力发展"绿箱"政策的补贴范围，对"黄箱"政策作出主动积极调整，以促进农产品的出口。在中美贸易摩擦持续进行的现阶段，实行主要农产品的进口限制，以提高关税或者数量限制来进行，可能短期内会带来不利影响，但是长期内可以倒逼农业生产结构、商品结构的调整和升级，保障中国粮食生产的安全。此外，积极探寻财政补贴与市场调节的平衡点，合理利用直接补贴与间接补贴，注重农业保护与市场积极性之间的关系，构建起科学、长效的农业保护机制。

（3）抓住"一带一路"建设的机遇，以农产品贸易提高农民收入

出口对于经济增长具有乘数效应，加大农产品出口贸易额，对农业收益和农民增收具有极大的促进作用，这一点被农业发达国家的事实经验所验证。美国的主要农作物出口量居全球第一位，法国的粮食、肉牛出口量居欧盟前列。2013年中国提出"一带一路"倡议以来，"一带一路"建设在不断推进中，中国的农业贸易迎来了重大的历史机遇。"一带一路"所涉及的丝绸之路经济带和世纪海上丝绸之路，其经济总量分别约占全球的63%和29%[1]，极具发展潜力。我国农业资源丰富，与沿线国家的农产品贸易具有极强的互补性，尤其近年来，双方的农产品贸易额日益加大。据联合国FAO统计，2005年，双方的农产品贸易量为80.36亿美元，其出口额在50.93亿元。2014年达到了294.26亿美元，出口额为719.6亿美元，双方在农业贸易合作方面日益密切。现阶段，中国农业面临产品结构不平衡，农产品进出口"价格倒挂"和销售不畅等问题，严重影响了农民的农业生产积极性。但是，在"丝绸之路经济带"建设的历史机遇下，中国与丝路沿线国家农产品贸易发展态势增长明显，贸易潜力巨大，无疑为农业增收提供了有效途径。因此，发挥中国农业的优势，展开与丝路国家农产品的贸易合作，具体举措如加快基础交通设施建设以降低农产品的运输成本；完善中国与"丝绸之路经济带"国家的农业合作机制，建立关税同盟；在经济带沿线的一些主要地区建立自由贸易示范区，促进与经济带沿线国家的贸易自由化；针对不同贸易潜力的国家采取差异化的贸易政策，从农

---

[1] 李建民."丝绸之路经济带"构想的背景、潜在挑战和未来走势［J］.欧亚经济，2014（4）：10-15.

产品的质量和特色出发，推动双边农产品贸易的发展等。最终，通过加强与丝绸之路经济带国家的农产品贸易来提高农业竞争力和农业收益，促进农民收入增长。

（4）加强对农业保险的支持

农业生产的风险很大，对自然环境、气候条件的依赖性较强，农业保险可降低农业生产经营的风险，稳定农业发展，具有准公共物品性质。发达国家非常注重对农业保险的支持，美国、法国、日本都有要求农民投保农业强制险的明确规定，并支持农民其他农业险种的投保，成立农业再保险公司来降低农业保险公司的风险，最终目的在于降低农民从事农业生产经营活动的风险。为了鼓励农民投保的积极性，政府对农民的保费予以高度补贴。目前，我国的农业保险分为政策性保险和商业性保险两类。政策性农业补贴主要是以政府引导和保费补贴为主，商业性保险则纯属市场行为。我国的《农业保险条例》规定农民投保遵循"自主自愿"原则，但是目前存在的问题是自愿保险的参保率很低。原因来自多个方面：农民对参加农业保险来降低农业风险的意识不够，对于农业保险政策及产品了解不够；保险公司推出的农产品保险品种有限，覆盖范围小，品种少，保险事故发生后的定损也缺乏技术手段和理论支撑；中央对于农业保险的补贴品种不多；等等。但是，可以确定的是，随着农业经济的发展，农业保险的需求将会不断增大。

首先，建议借鉴国外的强制性保险措施，改变农民自愿投保方式，对主要农作物实行强制性保险，可对保费进行较高额度的补贴。对于其他品种的农业保险，引导或者鼓励地方政府根据财政状况给予一定的补贴，减少农民的参保负担，提高参保率，从而降低农业生产的风险。其次，从政府层面支持保险公司的产品创新，农业生产环境复杂，周期长，不确定性较大,农产品保险设计和品种创新存在一定的难度和风险,需要从政府层面对保险公司进行鼓励,降低保险公司风险,提高保险公司的积极性。最后,通过各种媒体宣传及基层工作人员的讲解,帮助农民树立保险意识,理解保险相关的法律规定和条款,提高农民参保意识。

(5)构建现代农民成长的利益激励机制

农民面对扩展的就业集合时,选择农业就业的门槛条件在于从事农业产业的收入与非农产业收入差距的收敛,收敛的实质是农业收益的提高。在以农业保护、补贴、保险、金融支持等提高农民收益的同时,还应当注重农民在农业生产经营中长久利益的获得和职业发展的愿景诉求,即既有持续的物质收益,又有长远的精神激励,这就需要构建起现代农民成长的长效利益激励机制。

一方面,可以借鉴发达国家的农业准入制度,全面推行农民资格认证。根据农业的生产特点和技能要求,建立起以农民的知识水平、农业技能、生产效益、经营管理能力等为主要认定内容的现代农民职业评定制度,对农业生产与操作的各个环节予以标准化,建立完善的现代农民职业评价体系,实施与行政事业单位、企业相同的档案管理制度。将农业信贷、农业保险、农业补贴等各种农业优惠政策与农民职业资格证书直接挂钩,提高拥有资格证书的农民的收益。以农业准入制度提高农业壁垒,既提高了农民的职业素质,又可以和物质利益密切挂钩。这一举措,目前我国一些地区正在施行,希望能够全面推进。另一方面,推行与现代农民职业准入制度配套的现代农民退休政策。农民为经济发展做出巨大贡献,但是现阶段只有城镇职工退休之后有社会统筹发放的稳定持续的退休金或者养老金,虽然部分农村地区的老人也有少量养老金,但实施过程中不但存在地区差异,还与城镇职工的退休金相去甚远。将农民准入资格与农民退休制度对接起来，拥有农民资格证书将会有和城镇退休职工相同的退休福利，在目前财政不能负担所有农民退休金的情况下，针对目前为数不多的拥有农业准入资格的农民，对其建立退休金发放制度，有助于形成榜样示范作用，对农民选择农业就业产生有效激励。

8 结论与展望

8.1 研究结论

现阶段是中国农业从传统农业到现代农业转型的关键时期,农业发展面临的最紧迫的三大难题为:农业产业老化,调整难度大;农产品安全质量较低,得不到基本保障;劳动力择优转移导致农业发展后继乏人。这三大问题看似各自孤立实则关联统一,最终破题之举则是解决"人"的问题,即尽快培育出能够胜任农业现代化建设的现代农民。

本研究以传统农民与现代农民的形成本源为出发点,以农民的就业选择集合为创新视角和逻辑起点,对现代农民生成机制的揭示从农民就业选择集合扩展、选择能力提高、选择条件形成三个维度出发,构建起非农就业机会增加、劳动力择优转移下的农村人口代际优化、农业企业化的系统性和关联性变化这三者之间联动关系的分析框架。

现代农民就业选择集合的扩展则意味着对农村大量劳动力提供更多非农就业机会,这是现代农民生成的基本前提。工业化、城镇化下的市场分工、产业发展等带来了非农就业岗位和社会流动机会的增加。但是,作为发展中国家的中国,城镇化、市场化等因素对农民非农就业机会的增加与贡献作用较之已经实现了工业化、市场化的发达国家会有所不同。因此,在对农民非农就业领域拓展情况进行了解的基础上,对扩展非农就业集合的相关因素进行理论分析,并选取相关指标予以量化确定。通过收集31

个省份 2005—2016 年的面板数据，以动态面板数据模型的 GMM 估计方法，测定各个指标对增加非农就业机会的作用及贡献度，为推动农民的非农转移和就业提供科学依据。

工业化扩展了农民就业集合的同时，引致农村优质劳动力率先进行非农转移。这种转移是农民在农与非农两部门之间寻找最优就业报酬的理性套利行为，最终导致农民调整、加大人力资本投入，改变了家庭人口的生产偏好，由注重人口生产的数量偏好转向质量偏好，促进了农村人口的代际优化，展现出现代农民形成的内在路径。通过收集中国 1985—2015 年的生育率与人力资本积累率等相关指标的时间序列数据，对经验事实进行验证。结合理论与实证研究的结论，分析农村人口代际优化带来的农民就业选择能力提高对农村人力资本的深化效应、农业技术形态转变效应以及农业生产组织的变迁效应。

在这种效应下，农业生产要素升级使农业生产函数发生改变和农业生产组织变迁，为农业发展从低级向高级形态的现代化转变和农业的企业化经营奠定了基础。

农业现代化是农业成长形态从传统农业到工业化农业，再到现代农业的高级形态，其实现条件是劳动力的大量转移和农业人力资本的深化。农业企业化经营具有必然性与可行性，是农业现代化的主要实现形式。农业企业化经营对现代农民的成长具有"拉力"和"推力"作用，"拉力"表现在农业企业化经营产生的市场效应、技术进步效应、规模效应对于管理型、技术型、农业产业工人等不同类型现代农民的需求，进而促进其成长。"推力"表现在农业企业化经营的收入效应形成了现代农民加大人力资本投入的物质基础，推动现代农民的成长。另外，农业企业的契约化性质，要各个投入要素获得报酬的最大化，伴随现代农民的成长，具备职业选择能力的农民对于农业企业要求就业报酬的最大化，在现代农民的选择性就业压力下，农业企业不断提高其生产经营能力和管理水平以获得最大收益，最终农业企业化程度得以提高。由于开放的劳动力市场的存在，现代农民在面对扩展的就业选择集合时，选择非农就业的条件为：从事农业必然要求其职业收入与非农产业从业者的职业收入大体均衡，即农与非农就业工资差距的收敛。伴随这一条件的达到，农民真正成为一种终身职业，并以中介效应检验模型对农业企业化经营与现代农民就业选择条件的形成进行实证检验。

资源禀赋不同的发达国家，农业发展模式不同，农业现代化的路径也有所不同。从扩展农民就业选择集合、提高农民就业选择能力、促进农民就业选择条件转变的维度，对美国、法国、日本三个农业发达国家现代农民的培育与形成途径进行国际比较。总结其成功经验在于，在促进农民非农就业方面，重视劳动力的非农转移并建立完善的市场化体系；在提高农民就业能力方面，以培训教育提升农民的人力资本水平，并实施健全的立法保障，建立严格的农业准入制度；在促进农民就业条件转变方面，以各种土地政策推动农业的规模化、企业化经营，以科研投入与农业技术应用促进农业产出增长，对农业实施各种保护政策，如补贴、进口限制、贷款优惠等。通过对现代农民成长的国际案例进行比较与分析，为中国现代农民的成长与培育提供经验借鉴及启示。

总之，一系列研究表明，现代农民的生成是工业化进程中就业选择集合扩展变化所引致的一系列关联变化的结果。其形成规律是，农民具有非农就业机会，转移到非农产业——农民在非农收入激励下通过理性调整来提高自身选择能力——农业企业化经营下农与非农就业工资的收敛，使农民选择农业部门就业。

因此，选择集视角下，助推现代农民形成的政策主要包括以下三个方面：扩展农民就业选择集合、提高农民选择能力、促进农民择业条件转变。政策设计如下：①继续推进新型城镇化，发展新型工业化，深入市场化改革，优化产业结构，保障平等就业，以扩展农民就业选择集合，促进劳动力的非农就业，从而助推农业现代化和现代农民生成这一基本前提的实现。②建立健全的农民培训教育体系，建立农民教育基金、推动城乡联动的十二年义务教育，最终目的在于加大农民的人力资本投入，提高农民就业能力。③以土地政策促进农业的规模化、企业化经营；注重农业新技术的推广应用，建立起工业反哺农业的思路，对农业以补贴、进口限制、农业保险等多种方式加大保护，建立健全农民准入与退出机制，从而提高农业收益，增加农业吸引力，助推农业选择条件的转变。

8.2 研究展望

现代农民的培育与形成注定是我国农业现代化、城镇化发展进程中的一项长期、复杂而艰巨的任务，其成长之路道阻且长。农民现代化的研究，在农业现代化的建设任务下，在乡村振兴战略的背景下，是一个具有活力的热点问题。但是，如何让农民成为一个富有吸引力的职业，也能够得到充分的社会尊重，成为与医生、教师、工程师等职业一样，具有平等的政治经济权利和完善的职业发展机会，仍是一个需要不断关注和深入研究的课题。

现代农民的形成，无论是农民内在成长及自主能力提高上，还是非农就业机会与农业就业条件的改变上，都需要一个系统化的助推机制和政策保障。其中，增加农业收益，促进农与非农就业工资收敛是增加农业吸引力，使农民转而选择农业的充要条件，这一问题的研究关乎现代农民生成。后续将进一步研究农与非农收入差距如何收敛的问题，重点从对农民、农业的保护入手，以工业反哺农业的思路来提高农业收益和农民收入，结合相关理论与 WTO 规则、TPP 协议条款等，探讨日本与韩国的农业高度保护模式能否在中国得以借鉴和运用，研究中国对农业实施高度保护的可行性与现实操作性。

在研究方法上，本书通过文献梳理与理论分析、资料查找及各种指标数据的收集，以理论研究与实证研究并举的方法，但是囿于数据资料获得的有限性，对农民就业集合扩展因素的量化测定、农村劳动力人口量质转型与代际优化的实证检验、农业企业化下现代农民形成条件的中介效应检验等实证方法的数据收集、方法运用不一定十分准确全面，但仍努力去接近所研究事物的本质，基本形成了对现代农民生成机制的客观揭示。在接下来的研究中将更加注意各种数据的收集与整理，注意研究方法的综合运用，期望通过问卷调查、实际访谈与案例调研的方法，深入了解农民职业选择的主观意愿、调研农业企业化面临的实际问题等。通过取得第一手资料，结合案例研究，使关于现代农民成长的研究资料更翔实，论据更充分，更好地实现理论与实践的相互支撑，最终形成关于现代农民生成机制与形成规律更有高度的理论概括和更为科学成熟的理论体系。

参考文献

[1] 张蕙杰.我国新型职业农民队伍总量与结构的需求估算研究[J].华中农业大学学报(社会科学版),2015(4):44-48.

[2] 农业农村部科技教育司,中央农业广播电视学校.2016年全国新型职业农民发展报告[M].北京:中国农业出版社,2017:2-3.

[3] 马建富,吕莉敏,陈春霞,等.职业教育视阈下的新型职业农民[M].北京:科学出版社,2015(1):3-7.

[4] 西奥多·舒尔茨.改造传统农业[M].梁小民译:北京:商务印书馆.1987:35-52.

[5] [英]弗兰克·艾利斯.农民经济学:农民家庭农业和农业发展[M].上海:上海人民出版社,2006:38-56.

[6] [美]英格尔斯.人的现代化[M].殷陆军,译.成都:四川人民出版社,1985:5-6,20.

[7] [英]韦伯斯特.发展社会学[M].陈一筠,译.北京:华夏出版社,1987:21-29,91-92.

[8] 郭剑雄.农业发展:三部门分析框架[M].北京:中国社会科学出版社,2008.

[9] 郭剑雄.工业化、选择性转移与农民的职业化[J].内蒙古大学学报(汉文版),2016(5):106-116.

[10] [印]阿玛蒂亚·森.以自由看待发展[M].任赜,于真,译.北京:中国人民大学出版社,2002:2-25.

[11][美]菲利普·阿吉翁,彼得·霍伊特.内生增长理论[M].北京:北京大学出版社,2004.

[12][日]速水佑次郎.发展经济学——从贫困到富裕[M].北京:社会科学文献出版社,2003.

[13][日]速水佑次郎,[美]弗农·拉坦.农业发展的国际分析[M].北京:中国社会科学出版社,2002:101.

[14][美]西奥多·W.舒尔茨.报酬递增的源泉[M].北京:北京大学出版社,2001:93.

[15][美]西奥多·W.舒尔茨.经济增长与农业[M].郭熙保,译.北京:中国人民大学出版社,2014:103-120.

[16]林毅夫.制度、技术与中国农业发展[M].上海:上海三联书店,上海人民出版社,2005.

[17]郭剑雄.农业发展:三部门分析框架[M].北京:中国社会科学出版社,2008:15-35.

[18]郭剑雄,李志俊.人力资本、生育率与内生农业发展[M].北京:人民出版社,2010.

[19][美]黄宗智.明清以来的乡村社会经济变迁(卷一:华北的小农经济与社会变迁)[M].北京:法律出版社,2014:17-19,57-75.

[20]孙娟.关于农民职业化的若干思考[J].天水行政学院学报,2007(5):22-24.

[21]菲利普·阿吉翁,彼得·霍伊特.内生增长理论[M].北京:北京大学出版社,2004.12-25.

[22]鲁可荣,朱启臻.社会主义新农村建设与新型农民培养[J].未来与发展,2006(9):27-29.

[23]岳佐华,李录堂.农村人力资本团队及其形成基础研究[J].大连理工大学学报(社会科学版),2007(2):69-70.

[24][日]速水佑次郎.发展经济学——从贫困到富裕[M].北京:社会科学文献出版社,2003.8-16.

［25］［英］弗兰克·艾利斯.农民经济学［M］.上海：上海人民出版社，2006：392.

［26］郭智奇，齐国，杨慧.培育新型职业农民问题研究［J］.中国职业技术教育，2012（15）：7-13.

［27］朱启臻，闻静超.论新型职业农民及其培育［J］.农业工程，2012（3）：1-4.

［28］郑瑞，彭必源.鲶鱼效应与现代农民的培养［J］.集团经济研究，2007（1）：63-64.

［29］林毅夫.制度、技术与中国农业发展［M］.上海：上海三联书店，上海人民出版社，2005：35-56.

［30］周应堂.论农业劳动分工与新型农民培养［J］.农业经济，2007（2）：14-17.

［31］郭剑雄，李志俊.人力资本、生育率与内生农业发展［M］.北京：人民出版社，2010年.122-142.

［32］张雷声.建设社会主义新农村农民必须是新型农民［J］.福建论坛（人文社会科学版），2006（7）：9-12.

［33］赖作莲.土地流转与职业农民教育——基于美、英、法、日等国的经验［J］.经济研究导刊，2014（22）：34-35.

［34］申潞玲，等.农民职业化研究述评及展望［J］.山西农业大学学报（社会科学版），2014（5）：453.

［35］李丙金，徐璋勇.赋予选择权力和提高可行能力：新农村建设中新型农民培养的核心［J］.西北大学学报（哲学社会科学版），2012（6）：92-95.

［36］谭功荣.公务员职业化：起源、内涵及模式比较［J］.中国行政管理，2009（2）：106-110.

［37］罗炎成.应然、实然、使然：高校辅导员职业化问题探讨［J］.西南交通大学学报（社会科学版），2013（1）：104-109.

［38］童洁，李宏伟，屈锡华.我国新型职业农民职业化一般发展指数研究［J］.财经问题研究，2018（5）：75-81.

［39］邓聿文.从传统农民到现代农民［J］.科技信息，2003（12）：54-57.

［40］张辉.关于培育新型职业农民的探讨［J］.农业经济，2014（6）：33-38.

[41] 唐献玲.农业产业转型升级中新型职业农民培育的思考[J].农业经济,2016(1):54-55.

[42] 郭玉伟.新型职业农民培育的路径探析[J].继续教育研究,2016(6):38-39.

[43] 张水玲.基于农民需求的新型职业农民教育培训优化设计[J].职业技术教育,2016(4):67-68.

[44] 耿墨浓."互联网+"时代下的农民教育思考[J].农民科技培训,2016(2):31-32.

[45] 宋新乐,朱启臻.新型职业农民的职业精神及其构建[J].西安交通大学学报(社会科学版),2016(4):111-115.

[46] 张水玲.新型职业农民教育应处理好的五大关系[J].农业经济,2016(9):64-65.

[47] 闫红果.新型职业农民教育培训的现状与反思——基于浙江省长兴县和平镇周坞山村的调研[J].当代继续教育,2016(4):60-61.

[48] Hall.R.H, Occupations and the Social Structure[M]. Englewood: Prentice-Hall, 1975: 63-135.

[49] 田书芹,王东强.论新型城镇化进程中新型职业农民社区教育模式创新[J].继续教育研究,2016(6):30-31.

[50] 殷喜悦.论新型职业农民及其培养[J].职业教育研究,2016(1):18-19.

[51] 刘秋丽.河南省新型职业农民培训研究[J].教育与职业,2015(6):176-177.

[52] 单武雄.农业高职院校开展新型职业农民培训的路径分析——以湖南省涉农高职院校为例[J].农业现代化研究,2015(4):593-594.

[53] 徐俊蕾.论新型职业农民的生成[J].农业经济,2015(10):57-59.

[54] 杨继瑞,杨博维,马永坤,等.回归农民职业属性的探析与思考[J].中国地质大学学报(社会科学版),2013(1):74-80.

[55] 徐辉,刘玉成,张明如.多元就业条件下农民就业选择分析[J].统计与决

策,2017(5):108-111.

[56]石智雷,施念.城市化改造传统农民——基于劳动力城乡双向流动的视角[J].武汉科技大学学报(社会科学版),2016(3):105-110.

[57]陈春燕.中国农民现代化问题研究[D].长春:东北师范大学,2010:3-5.

[58]洪仁彪,张忠明.农民职业化的国际经验与启示[J].农业经济题,2013(5):88-92.

[59]朱康,张军.国外职业农民培育的启迪[J].北京农业,2011(1):43-44.

[60]李红.日本农民职业化教育对策分析及启示[J].中国农业教育,2008(2):15.

[61]李毅,龚丁.日本和韩国农民职业教育对中国新型职业农民培育的启示[J].世界农业,2016(10):59-64.

[62]田园.我国农民职业化问题制约因素分析[J].宝鸡文理学院学报(社会科学版),2013(4):89-93.

[63]邹慧.新农村建设背景下农民职业化问题初探[J].西南科技大学学报(哲学社会科学版),2009(6):17-21.

[64]孙迪亮,邹慧.农民职业化与新农村建设的契合性分析[J].内蒙古财经学院学报,2009(9):15-18.

[65]郭智奇,齐国,杨慧.培育新型职业农民问题研究[J].中国职业技术教育,2012(15):7-13.

[66]刘丽华.职业农民的形成、培养与塑造[J].吉林农业科技学院学报,2009(2):32-35.

[67]张红宇.我国现代农业发展面临的制度障碍[J].思想教育,2008(11):9.

[68]周雪松,刘颖.传统农民向职业农民转化问题研究[J].第一资源,2013(4):117-124.

[69]章力建,朱立志.加快培育新型职业农民 保障我国农产品有效供给和质量安全[J].中国农业信息,2013(12):9-12.

[70]卢荣善.农业现代化的本质要求:农民从身份到职业的转换[J].经济学家,2006(6):64-71.

[71] 谢淑娟.现代农业视角下的职业农民培育问题探析[J].岭南学刊,2008(4):74-77.

[72] 郝丽霞,委玉奇.农民职业化的制约因素及对策分析[J].农业经济,2009(12):80-81.

[73] 赵强社.职业农民培育路径探微[J].理论导刊,2009(3):56-58.

[74] [法]孟德拉斯.农民的终结[M].李培林,译.北京:科学文献出版社,2005:129.

[75] 韩福庆.影响农民职业化水平因素的经济学分析[J].阜阳师范学院学报(社会科学版),2010(2):101-105.

[76] 张选厚,李钒,张毅,等.西安市职业农民发展存在的问题及对策[J].农学学报,2012(1):69-73.

[77] 周世其.顶层设计要先行 政策体系需完善[J].农民科技培训,2012(5):13.

[78] 王丰,王景辉.国内外专业农民培养的成效与启示[J].农业图书情报学刊,2013,25(6):5-7.

[79] 王丰.美法日三国家庭农场的发展经验及启示经验[J].农业经济,2016(10):6-8.

[80] 李环环,牛晓静.法国农民职业培训体系对我国的启示[J].中国成人教育,2017(1):154-157.

[81] 沈辉,李洪波.法国农民创业培训与我国大学生村官创业[J].继续教育研究,2013(9):172-174.

[82] 耿大立.日本、韩国农民协会发展经验浅谈[J].世界农业,2013(7):114-116.

[83] 杨小凯.发展经济学——超边际与边际分析[M].北京:社会科学文献出版社,2003:35-42.

[84] [美]盖尔·约翰逊.经济发展中的农业、农村、农民问题[M].北京:商务印书馆,2004.

[85] [美]托达罗.发展经济学:原书第11版[M].北京:机械工业出版社,

2014.

[86] 成卓. 中国农村贫困人口发展问题研究 [D]. 成都：西南财经大学，2009.

[87] [美] 罗伯特·巴罗，哈维尔·萨拉伊马丁. 经济增长 [M]. 北京：中国社会科学出版社，2000.

[88] 龙莹，张世银. 动态面板数据模型的理论和应用综述 [J]. 科技与管理，2010（2）：30-33.

[89] 潘荣翠. 西南五省市城镇化影响因素分析——基于动态面板数据 GMM 估计 [J]. 云南大学学报（社会科学版），2015（2）：97-102.

[90] 杨勇. 我国城镇化背景下居民收入差距对消费的影响研究——基于动态面板数据模型的估计 [J]. 天津大学学报（社会科学版），2015（2）：129-133.

[91] 郑规真，叶国镠. 人口的数量和质量的相互关系探讨 [J]. 西南师范大学学报（人文社会科学版），1981（7）：11-16

[92] 郭剑雄，李志俊. 劳动力选择性转移下的农业发展——转变中国农业发展方式研究 [M]. 北京：中国社会科学出版社，2012：69-83.

[93] [美] 费景汉，古斯塔夫·拉尼斯. 劳力剩余的经济发展 [M]. 北京：华夏出版社，1989.

[94] [美] 费景汉，古斯塔夫·拉尼斯. 增长和发展：演进的观点 [M]. 北京：商务印书馆，2004.

[95] 刘辉. 基于技术进步视角的中国农业发展 60 年 [J]. 湖南社会科学，2009（5）：105-109.

[96] 陈明. 农业现代化下农民的现代性困境解析 [J]. 农业现代化研究，2010（6）.

[97] 陈亚萍. 主体性视域下的新型农民 [J]. 生产力研究，2008（13）：32-33.

[98] 魏学文，刘文烈. 新型职业农民：内涵、特征与培育机制 [J]. 农业经济，2013（7）：87.

[99] [美] 盖尔威尔逊. 经济发展中的农业、农村、农民问题 [M]. 北京：商务印书馆，2004：9-21.

[100] 托达罗. 发展经济学（原书第 11 版）[M]. 北京：机械工业出版社，2014.

12-35.

[101] 张春艳,韦子平.改革创新体制机制,培育新型农民——以安徽省为例[J].经济研究导刊,2014(27):127.

[102] 赵社强.职业农民培育路径探微[J].理论导刊,2009(3):56-58.

[103] 韩福庆.影响农民职业化水平因素的经济学分析[J].阜阳师范学院学报(社会科学版),2010(2):101-105.

[104] 成卓.中国农村贫困人口发展问题研究[D].西南财经大学,2009.10-16.

[105] [德]马克思,恩格斯.马克思恩格斯选集:第2卷[M].北京:人民出版社,1972:266.

[106] 王建华,李俏,李录堂.论中国农民现代化的现实需求与农村综合教育[J].农业现代化研究,2008(6):703-705.

[107] 刘立祥.三次民工荒比较——新时期农村转移劳动力问题的反思[J].中国青年研究,2014(6):31-34.

[108] 费孝通.乡土中国生育制度[M].北京:北京大学出版社,1998:87-127.

[109] 奂平清,何钧为.中国农民职业化现状及其影响因素——基于中国综合社会调查(CGSS2010)的分析[J].武汉大学学报(哲学社会科学版)2015(4):123-125.

[110] 巴罗,罗伯特J哈维尔 萨拉伊马丁,2000:经济增长,北京:中国社会科学出版社.6-13.

[111] 伍振军.农业供给侧改革,资源配置是关键[N].农民日报,2015-12-6(4).

[112] 刘蕾,郑毓煌,陈瑞.选择多多益善?——选择集大小对消费者多样化寻求的影响[J].心理学报,2015(1):66-70.

[113] 郭剑雄.城市化与中国农业的现代化[J].经济问题,2003(11):50.

[114] 张英洪.农民工市民化的认识误区[N].中国经济时报,2014-07-7(005).

[115] 欧阳中球.新三农问题:农民分化、农业弱化、农村空心化[EB/OL].[2015-06-30].中国乡村发现官网:http://www.zgxcfx.com/.

[116] 孙文忠.人口转变理论新论——兼论人口量质发展理论[J].人口与经济,

2008（4）：1-7.

[117] 郭剑雄，李志俊.人口偏好逆转、家庭分工演进与农民收入增长——基于中国农户经验的分析［J］.南开学报（哲学社会科学版），2010（11）：103-112.

[118]［美］小罗伯特·E.卢卡斯.经济发展讲座［M］.南京：江苏人民出版社，2003.

[119] 郝娟，邱长溶.2000年以来中国城乡生育水平的比较分析［J］.南方人口，2011，26（5）：27-33.

[120] 吕业清.中国农业科研、推广投资与农业经济增长的关系［D］.乌鲁木齐：新疆农业大学，2009.

[121]［美］查尔斯·I.琼斯.经济增长导论［M］.北京：北京大学出版社，2002.

[122]［英］马尔萨斯.人口原理［M］.北京：商务印书馆，1992.

[123] 王冈.农业现代化进程中人力资本相关问题研究［J］.人力资源，2016（2）：186-196.

[124] 白菊红.农村人力资本积累与农民收入分配机理研究［D］.杭州：浙江大学，2002.

[125] 陈浩.人力资本与农村劳动力非农就业问题研究［M］.北京：中国农业出版社，2008.

[126] 张敏，陈秋莲，蒋佳芳.中国人口红利在消失吗？——基于劳动力数量和质量结构变化的实证分析［J］.经济研究导刊，2015（6）：180-184.

[127] 邓涛.对当前我国农村人力资源开发的思考［J］.农村经济，2014（1）：85-88.

[128]［美］费景汉，古斯塔夫·拉尼斯.劳力剩余的经济发展［M］.北京：华夏出版社，1989：16-33.

[129]［美］费景汉，古斯塔夫·拉尼斯.增长和发展：演进的观点［M］.北京：商务印书馆，2004：17-26.

[130] 张俊峰.西方土地发展权制度对我国土地管理制度改革的启示［J］.中国经贸导刊，2012（16）：19-21.

[131] 张笑寒. 美国早期农地金融制度及其经验启示 [J]. 农村经济, 2007（4）：126-129.

[132] 刘国臻. 论美国的土地发展权制度及其对我国的启示 [J]. 法学评论, 2007（3）：140-146.

[133] 车凤善, 张迪. 美国农地保护政策演变及对我国的借鉴 [J]. 国土资源情报, 2004（3）：21-26.

[134] 陈明. 农业现代化下农民的现代性困境解析 [J]. 农业现代化研究, 2010（6）：665-669.

[135] 汪先平. 当代日本农村土地制度变迁及其启示 [J]. 中国农村经济, 2008（10）：74-80.

[136] 郭智奇, 齐国, 杨慧, 等. 培育新型职业农民问题的研究 [J]. 中国职业技术教育, 2012（15）：7-13.

[137] 倪慧, 万宝方, 龚春明. 新型职业农民培育国际经验及中国实践研究 [J]. 世界农业, 2013（3）：134-137.

[138] 胡小平, 李伟. 农村人口老龄化背景下新型职业农民培育问题研究 [J]. 四川师范大学学报（社会科学版）, 2014（3）：57-62.

[139] 张志泽, 高永久. 西北民族地区新型城镇化进程中的非农化及治理研究 [J]. 贵州民族研究, 2017（12）：21-27.

[140] 杭帆, 郭剑雄. 发达国家农业可持续增长的经验及启示——人口转型与技术进步 [J]. 经济与管理研究, 2014（8）：121-124.

[141] 夏益国, 宫春生. 粮食安全视阈下农业适度规模经营与新型职业农民——耦合机制、国际经验与启示 [J]. 农业经济问题, 2015（5）：73-80.

[142] Foster B B, Seevers B S. Women in Agricultural and Extension Education Committed to the Prefession and Seeking Solution to Challenges [J]. *Journal of Agricultural Education*, 2003, 44（1）：31-42.

[143] Pierce, J T. Agriculture, Sustainability and the Imperatives of Policy Redom [J]. *Geoforum*, 1993, 24（1）：381-396.

[144] Car-Saunders A M. *Profesion: Their Organization and Place in Society*[M]. Oxford: The Clarendon Pres, 1928.

[145] Grenwood E. Atribute of a Profesion [J]. *Social Work*, 1957, 2(3): 44-55.

[146] Wilensky H L.The Profesionalization of Everyone? [J]. *American Journal of Sociology*, 1964(70): 137-158.

[147] Vol lmer H M, Mills D L. *Profes Sionalization*[M].Englewood Cliffs, N.J.: Prentice- Hall, 1966.

[148] Larson T J.The Rise of Profesionalism: A Sociological Analysis[M].Berkeley: University of California Press, 1977.

[149] Forsyth P B, Danisiewicz T J.Towards a Theory of Profesionalization [J]. *Work and Ocupations*, 1985, 12(1): 59-76.

[150] Becker G S. Family Economics and Macro Behavior [J]. *American Economic Review*, 1988, 78: 1-13.

[151] Lowenberg-DeBoer.The Precision Agriculture Revolution-Making the Moodren Farmer [J]. *Foreign Affairs*, 2015 (5): 56-78.

[152] Hall R H. *Occupations and the SocialStructure* [M].Englewood: Prentice- Hall, 1975.

[153] Lynch T, Jenkins B, Kilarr A. The Professional Farmer [J]. *Australian Journal of Socia Issues*, 2001, 36 (2): 123-138.

[154] Leavitt F M, Judd C H, Examples of Industrial Education [J]. *Elementary School Journal*, 1912 (9): 507-510.

[155] Rogers E M. Diffusion of Innovation [J]. *Lap Lambert Academic Publishing*, 1986, 17 (1): 62-64.

[156] Lowenberg-DeBoer.The Precision Agriculture Revolution-Making the Moodren Farmer [J]. *Foreign Affairs*, 2015 (5): 56-78.

[157] Oded Galor, David N. Weil, Population, Technology and Growth: From the Malthusian Regime to the Demographic Transition [J]. *American Economic Review*,

2000, 90 (9): 806-828.

[158] Lucas, Robert E. On The Mechanics of Economic Development [J]. *Journal of Monetary Economics*, 1988, 22: 3-42.

[159] Romer, Paul M.Increasing Return and Long-Run Growth [J]. *Journal of Political Economy*, 1986, 94 (5): 1002-1037.

[160] Bhagwati, Rodriguez. Welfare Theoretical Analysis of the Brain Drain [J]. *Journal of Developmengt Economics*, 1975 (2): 195-221.

[161] Miyagiwa K. Scale Economies in Educationg and the Brain drain Problem [J]. *International Economic Review*, 1991 (32): 743-759.

[162] Vidal J. The Effect of Emigration on human Capital Formation [J]. *Journal of Population Economics*, 1998 (11): 589-600.

[163] Stark, Wang W. Inducing human Capital Formation: migration as a substitute for Subsidies [J]. *Journal of Public Economics*, 2002 (86): 29-46.

[164] Corrado, Stryszowski. Migration, Human Capital Accumulation and Economic Developmengt [J]. *Journal of Developmengt Economics*, 2009 (90): 306-313.

[165] Beine, Docquier, Rapoport. Brain drain and Human Capital formationg Developing countries: winners and losers [J]. *the Economic Journal*, 2008 (118): 631-652.

[166] Becker, Gary S., Kevin M. Muphy, et al. Tamura, Human Capital, Fertility and Economic Growth [J]. *Journal of Political Economy*, 1990, 98 (10): 12-36.

[167] Becker, Gary S., Kevin M.Murphy, et al. Tamura: Human Capital, Fertility, and Economic Growth [J]. *Journal of Political Economy*, 1990, 98 (5): 734-754.

[168] Ronald Lee, Andrew Mason. Fertility, Human Capital, and Economic Growth over the Demographic Transition [J]. *European Journal of Population*, 2010 (26): 159.

[169] O Galor, D N.Weil, Population, Techology and Growth: From the Malthusian Regime to the Demographic Transition [J]. *American Economic Review*, 2000: 110.

[170] McMillan, John, Whalley J, Zhu L. the Impact of China's Economic Reform on

Agricultural Productivity Growth [J]. *Journal of Political Economy*, 1989, 4: 781–807.

[171] Lin Yifu.Rural Reforms and Agricultural Growth in China [J]. *The American Economic Review*, 1992, 1: 34–51.

[172] Hans Fehr, Sabine Jokisch, Laurence J.Kotlikoff. Fertility, mortality and the developed world's demographic transition [J]. *Journal of Policy Modeling*, 2008 (30): 455–473

索 引

B

边际报酬递减(075)
边际产出(103)
边际收益率(103)
北美模式(141)

C

传统农业(001、103、037)
传统农民(001、199)
城镇化(001、051)
产业升级(051)
产业结构(051)
城镇固定资产投资(051)

D

代际优化(075)
二元经济结构(001、177)
二孩政策(075)

F

非农就业(037、075)
非农部门(103)
非技能偏态(103)

G

工资性收入(103)
工业化农业(103)
广义资本装备率(103)
规模经营(103)
关税同盟(177)

H

户籍制度(001)

J

家庭联产承包制(001、051、177)
经济转型(001)
技术变迁(001)
经济结构(001)
就业集合(001、103、141)
家庭农场(001、103、141)
经济均衡(037)
经济增长(051)
计划生育政策(075)
技术密集型(075)
技能偏态(103)
技术变迁(103)

技术进步（103）

交易成本（103）

家庭经营性收入（103）

技术创新（141）

金融市场（141）

技术扩散（141）

L

理性经济人（001、037、103）

劳动密集型（051）

劳动经济学（103）

劳动力市场（141、199）

劳动生产率（141）

林耕补贴（141）

M

密集型劳动（037）

马尔萨斯陷阱（103）

N

农业现代化（001、103、199）

农业保护（001、141）

农业合作社（001、103）

农业企业化（001、075、103、141、177）

农业准入制度（001、103、141、177）

农业收益率（103）

农业收益（103、177）

农业部门（103）

农业生产函数（103）

农业机械化（141）

农业补贴（141）

农业信贷（141）

农业保险（141）

农民职业教育（141）

农协组织（141）

农户兼业化（141）

农民教育（141、177）

农村义务教育（177）

农业组织（103、199）

R

人均土地装备率（001）

人均物质资本装备率（001）

人力资本（001、037、051、103、141、177）

人口量质转型（001、051、075、141、103）

人力资本积累率（075、103）

人力资本存量（103）

人力资本报酬率（103）

日韩模式（141）

S

市场化（001、103）

市场分工（037）

生产效率（037）

生产要素（037、103）

社会保障（051）

市场化程度（051、103）
市场交易（051）
市场效应（103）
生育率（075）
商品市场（141）
市场经济（141）
市场体制（141）
4H计划（141）
社会保障（177）

T

土地制度（001）
土地确权（075）
土地流转（075）

W

物质资本（103）

X

现代农业（001、037、103、199）
现代农民（001、037、103）

小规模农户（001）
新型城镇化（001、037、177）
新型工业化（001、177）
现代化农业（001、103）
西欧模式（141）

Y

预算约束（075）
要素投入（103）
"一带一路"（177）

Z

制度变迁（001、103）
制度创新（001、103）
职业分化（001）
择优转移（001、051）
职业农民（001）
资本密集型（103）
资源禀赋（141）
职业准入制度（141）

后 记

本书是在我的博士论文基础上整理而成的。我在学术生涯中最大的幸运，就是遇见了导师郭剑雄教授。攻读博士学位期间，我得到了郭老师的悉心指导和无私帮助，从论文的选题、构思、观点、框架结构、段落文字到写作过程，恩师均给予了全面深入的指导和具体细致的修改，许多专业和学术前沿问题有恩师的指点，我受益匪浅，恩师是我强大的学术支撑和精神支柱。郭老师每次精心传授知识于我们的时候，除了他渊博深厚的专业功底和素养，最让我折服的是他对"三农"问题的情怀。

我的父母都来自农村，当年矢志报效祖国的父亲在高考时候毅然选择了农学专业，此后和中师毕业的母亲一起，一个投身家乡的畜牧事业，一个毕生在乡村小学教书育人。父亲曾说过，土地养活了他，因此，他对土地有深深的眷恋和报答之心。今天，作为实体经济第一基础产业的农业依然是弱势产业，作为社会主义建设主体的农民，虽然投身于经济建设的大潮中，却囿于自身能力或者机会不均等而面临种种局限与尴尬。他们对中国的经济发展做出了巨大贡献与牺牲，却难以共享经济发展的利益，他们是一个可亲可敬又需要关注关怀的巨大群体。导师对农民问题的深切关注，对提高农民人力资本投入和农民发展机会的强烈呼吁，无不体现了让人感动的人文情怀，也使我更加理解父母的选择，更加牵挂我童年记忆中那些淳朴善良的父老乡亲。选择研究农民问题，成为我的初衷和动力。我也开始思考自己的价值与意义。我不再是一个仅仅需要博士毕业的学生，有幸成长于我们国家日益强大的时代，千帆竞发、百舸争流，我需要为社会做点什么。在这样一个内生动力下，我开始勤于思考、钻研专业，专业认知水平产生了跃升，也对学术研究发生了浓厚的兴趣，增添了坚定的信心。

随着年纪渐长，越发深深怀念我的父母。虽然双亲已不在，但是我心中永远感念父母的养育，永远怀念父母对我从小到大无私无尽的爱和鼓励。我开朗乐观、阳光自信的性格养成，是他们对我爱的浇灌的结果。父母为人善良宽厚，虽命运多舛，但即使在最艰难的岁月也没有放弃过对我求学的支持。在我写到农民提高子女人力资本投资进而促进农村人口代际优化的时候，更受触动，体会更为深切！在中国，有无数这样的父母，默默担负起生活的艰辛，为了孩子的教育投资，为了孩子拥有更美好的未来，愿意牺牲一切，心甘情愿负重前行。从某种意义上来说，这也是国家的幸运，是中国走向强大的基础。感谢我的父母，也致敬天下所有的父母！双亲已去，留下不能回报的深深遗憾，我知道，唯有更加努力回报社会，更加努力养育子女，才是爱的传承，才能不负父母如山如海的爱。

既照顾孩子又做科研，是一名大学老师的常态化生活。感谢我的婆婆为我照看孩子，给了我极大的支援和帮助。由于父母早逝，姐姐格外有担当地撑起了我一直以来的求学路。无论是硕士阶段还是博士阶段，姐姐和姐夫给了我极大的鼓励和支持。在我完成论文最为紧迫的日子里，姐姐经常连续几个周末，在繁重的工作之后，周末下班坐动车赶到西安我的家，帮我带孩子干家务。虽然只长我四岁，却对我从小到大如父如母般无私付出、包容与关爱的姐姐，在我几次重要人生关头即使咬紧牙关也用力托举我的姐姐，是我心里永远敬重的人。有姐姐的支持与付出，我的人生路自律而不敢偷懒。

在我求学和人生路上，得到张积玉老师、王钜春老师的无私支持和指导。遇见两位厚德仁爱的老师，也是我人生幸运的一部分，感谢他们对我如同父母般的包容与关爱。

同时，也深深感谢陕西师范大学西北研究院的方兰老师、刘明老师、穆兰老师、豆建春老师、王社教老师，感谢各位老师多年的谆谆教诲和言传身教。感谢陕西师范大学西北研究院办公室的薛瑞老师和张谨老师，研究生院的傅老师与梁老师，感谢你们耐心细致的解答与教学科研服务。感谢杭帆博士、王立平博士、陈龙博士、王小燕博士，感谢我的同事甄小鹏博士、王坤老师在我科研路上对我无私的帮助。

最后，我要感谢我的先生和我的孩子。作为同行者的先生，对我的求学给予了极大的支持和鼓励，对我们的家庭给予了极大付出。从孩子咿呀学语，到现在孩子即将成为一名小学生，先生和孩子让我拥有了家的温暖和力量，爱的养分让我不断强大。

感谢西安文理学院学院博士科研启动基金的资助，使这本书得以出版。"抱道不曲，拥书自雄"，探求真知，修身立学，是我终生的方向，我将以不断的学术进步，来回报给予我诸多帮助的亲友、家人和学校。

张彤璞　于西安古城

2020 年 3 月 16 日